Friedrich Rahmdohr

Beschreibung der Gemälde-Galerie des Freiherrn von Brabek zu Hildesheim

Friedrich Rahmdohr

Beschreibung der Gemälde-Galerie des Freiherrn von Brabek zu Hildesheim

ISBN/EAN: 9783743639324

Hergestellt in Europa, USA, Kanada, Australien, Japan

Cover: Foto ©Thomas Meinert / pixelio.de

Weitere Bücher finden Sie auf **www.hansebooks.com**

BESCHREIBUNG
DER
GEMÄLDE - GALERIE
DES
FREIHERRN VON BRABEK,
ZU HILDESHEIM,

MIT KRITISCHEN BEMERKUNGEN

UND EINER

ABHANDLUNG
ÜBER DIE KUNST DAS SCHÖNE IN DEN GEMÄLDEN DER
NIEDERLÄNDISCHEN SCHULE ZU SEHEN,

VON

FRIEDERICH WILHELM BASILIUS VON RAMDOHR,
AUS HOYA.

— *vitam impendere pulchro!*

HANNOVER,
im Verlage der Helwingschen Hofbuchhandlung.
1792.

Dem

Sir JOSUA REYNOLDS

widmet

auf verlangen des besitzers der galerie

deren beschreibung

willig

der verfafser.

Der denkende künstler ist noch eins so viel werth.

Lefsing.

Reynolds ist während des drucks dieses werks gestorben. Aber sein nahme lebt fort in seinen werken. Das opfer der verehrung, welches man ihm durch diese zueignung hat bringen wollen, wird als ein kranz mit frommer hand an seinem grabmahle aufgehängt, dem ehrwürdigen schatten nicht ungefällig seyn.

EINLEITUNG.

Ich habe die beschreibung der gemäldesammlung des freiherrn von Brabek zwar hauptsächlich aus freundschaft für den besitzer übernommen: inzwischen sind mehrere gründe zusammengetreten, welche mir die arbeit durch sich selbst interefsant gemacht haben. Mehrere stücke aus dieser galerie sind durch einzelne beschreibungen in zeitschriften und fliegenden blättern in Deutschland überall bekannt geworden, und selbst aufser unserm vaterlande, in England, Frankreich, Dännemark und den Niederlanden hat sich der ruf dieser sammlung durch den mund der reisenden mit recht verbreitet. Wenig privatpersonen, (ich mögte sagen, im nördlichen Deutschlande keine einzige) haben so viele und so wichtige gemälde in ihrem besitze: wenige verdienen so sehr sie zu besitzen, als der freiherr von Brabek. Eine feurige und aufgeklärte liebe zur kunst hat ihn beim sammeln geleitet, und erhält sich ungeschwächt beim genufs des zusammengebrachten schatzes. Er geniefst ihn auf eine edle art. Liebhabern, die ihn besuchen, seine sammlung auf die vortheilhafteste und bequemste art sowohl im ganzen, als im detail zu zeigen, und sie in das

Veranlafsung zu dieser schrift, und deren zweck.

studium des schönen einzuleiten; das urtheil des kenners über das schätzbare in einem gemälde bei der prüfung der seinigen einzuholen, und es behutsam, aber unpartheiisch zu nutzen; jungen künstlern gelegenheit zu verschaffen, durch das studium der schönsten werke, die er besitzt, in ihrer kunst fortschritte zu machen; überall die bildung und ausbreitung des geschmacks an den künsten in seinem vaterlande zu befördern; — das ist für ihn der gröfste gewinn, den er durch aufwand von zeit, kosten und mühe erworben zu haben glaubt.

Wie glücklich würde ich mich schätzen, wenn ich durch die gegenwärtige arbeit zu einem so edlen zweck von fern mitwürken könnte!

Ich habe geglaubt, dies am sichersten zu erreichen, wenn ich über die gemälde, welche in der gegenwärtigen sammlung enthalten sind, meine bemerkungen nach eben der art niederschriebe, wie es von mir in meinem werke über mahlerei und bildhauerarbeit in Rom geschehen ist.

Da meine absicht bei diesem versuche nicht sowohl dahin ging, beschreibungen zu liefern, als vielmehr den geschmack und die kenntnifs der kunst überhaupt zu befördern; so kann man die gegenwärtige schrift als einen nachtrag zu jenem buche ansehen. Ich fand in den galerien Roms wenig veranlafsung, mich über die niederländische schule zu äusern. Ich finde sie nier, und ich werde, so viel ich kann, jede gelegenheit nutzen, meine gedanken über die vorzüge und fehler der Niederländer, und die eigenthümlichkeiten ihrer berühmtesten künstler auseinander zu setzen: das ganze wird als eine praktische einleitung zu der abhandlung über die kunst das schöne in den gemälden der niederländischen schule zu finden, angesehen werden können,

wel-

welche auf diese beschreibung folgt. Von dem einzelnen zu dem allgemeinen überzugehen, hat mir immer der sicherere weg zur wahrheit und brauchbarkeit geschienen.

Man wird mir einen vorwurf darüber machen, dafs ich die gemäldesammlung einer privatperson eine galerie genannt habe. Aber diese benennung der Hrabekischen sammlung hat ihr in unsern gegenden die öffentliche dankbarkeit meiner landesleute lange vor mir beigelegt. Sie kann sich in Niedersachsen mit jeder fürstlichen galerie, wo nicht an menge, doch gewifs an innerm gehalt der stücke melsen, und für ein kabinet ist sie zu weitläuftig.

Ueber das lokal und die einrichtung der Hrabekischen galerie.

Die gemälde hängen in einer reihe an einander hängender zimmer, die ein belseres licht haben und geschmackvoller eingerichtet sind, als manche würkliche bildersäle. Es gibt eine schöne ansicht, wenn der blick beim ersten eintritt aus dem zimmer der dame vom hause, durch die ganze reihe der folgenden durch, am ende auf eine vortrefliche landschaft von Lukas von Uden fällt, und sich mitten in der stadt in eine natürliche aussicht aufs land zu verlieren scheint.

Die gemälde sind mit vieler einsicht geordnet, mehr nach den forderungen der kunst als nach denen der blofsen zimmerverzierung: doch sind beide möglichst vereiniget.

Ein grofser vortheil, den man bei der beschauung der Brabekischen galerie geniefst, besteht darin, dafs der besitzer so sehr die mittel erleichtert, jedes stück einzeln und aus dem vortheilhaftesten gesichtspunkte zu betrachten. Kenner wifsen, wie sehr gemälde dabei gewinnen, wenn man sie von der wand abnehmen, sie auf der

stafelei von andern abgesondert gehörig richten, und in ihr wahres
licht setzen kann. Man glaubt ganz andere werke zu sehen, als diejenigen waren, die man an der wand begafft hatte. Hierin vereiniget die Brabekische sammlung die vorzüge eines kabinets mit
denen einer galerie, worin nicht selten die höhe der wände, welche
bedeckt seyn müfsen, es schwierig macht, ein gemälde von oben
herab zu holen, und es unten vor dem auge des liebhabers an den richtigen standort zu bringen. Der herr von Brabek, der darunter die
bedürfnifse seiner gemälde und die forderungen des aufgeklärten beschauers kennt, kömmt dem wunsche des letzteren gemeiniglich zuvor, indem er durch richtung der gemälde in die erforderliche lage,
durch stellung des beschauers in die gehörige, entfernung, durch leitung des lichts und abwartung der günstigsten sonnenhelle den genufs
seiner sammlung ungemein erhöhet.

Die gemälde sind gröfstentheils in schwarzen rahmen mit kleinen vergoldeten leisten ohne schnitzwerk eingefafst. Eine simplizität, welche dem eindruck der mahlerei vortheilhafter zu seyn scheint,
als ein übertriebener prunk in den verzierungen, der nicht selten dem
hauptwerke schadet. Die bilder selbst sind so gut erhalten, als es
von werken, die vor mehreren jahrhunderten verfertiget sind, nur
immer zu erwarten steht.

Ueber die konservazion der gemälde. Es gibt gewifse meister, von denen völlig unversehrte stücke
gar nicht anzutreffen sind. Dahin gehören besonders einige der älteren italienischen meister. Die wenige sorgfalt, welche ihre landesleute auf die konservazion der gemälde aus ihrer schule gewandt haben, ist wohl gröfstentheils daran schuld. Ob aber die bedeckung mit

einem firnifs zu dieser konservazion etwas beitrage, oder ihr vielmehr schädlich sei, darüber ist man streitig.

Die Italiener glauben, jeder firnifs sei der malerei nachtheilig: es sei genug um sie in gutem stande zu erhalten, die gemälde, wenn sie ein jahrlang ausgetrocknet sind, mit eierweifs, das zu schaum geschlagen wird, zu bedecken, und sie dann vor sonnenschein, feuchtigkeit und schmutz zu bewahren. Die Niederländer hingegen verlangen, dafs die gemälde von zeit zu zeit mit öle getränket werden. Sie geben zu, dafs es gewifse firnifse gebe, welche den farben nachtheilig sind, dafs andere aber ganz ohne gefahr zu gebrauchen stehen.

Ich habe nicht erfahrung genug, um diesen streit zu entscheiden. Inzwischen glaube ich gemäldesammlern einen dienst zu erweisen, wenn ich ihnen das rezept zu dem firnifse mittheile, defsen sich der freiherr von Brabek bei seinen gemälden bedient, und für defsen unschädlichkeit er einstehen zu können glaubt.

Man löse auf sehr gelindem kohlfeuer ein achtelpfund guten ausgesuchten mastix mit wenigem terpentinöl nach und nach auf, giefse *Rezept zu einem konservazionsfirnifs.* alsdann ein pfund kalten terpentinöl darauf und laise es eine zeitlang stehen. Je älter dieser firnifs wird, um desto befser wird er. Man trage ihn alsdann leicht und dünn auf das gemälde.

Der freiherr von Brabek ist oft genöthiget, von Hildesheim und seiner galerie abwesend zu seyn. Um sich diese trennung weniger unangenehm zu machen, hat er von den hauptstücken aus derselben kopien in miniatur machen lafsen, die ihn gleichsam als eine tragbare galerie überall hin begleiten. *Nachricht von einem geschickten miniaturmaler herrn Kuntze.*

Ich erwähne dieses umstandes, um den jungen geschickten künstler zu nennen, der sie verfertigt hat. Er heifst *Kuntze* und hat sich hauptsächlich in Dülfseldorf gebildet. Es ist nicht möglich, mehr stärke und durchsichtigkeit in die miniatur zu bringen, als er in diese malerei gebracht hat. Seine kopien nach Vandyck, Rembrandt und andere Niederländer geben den styl der originale mit einer täuschenden treue wieder. Er mahlt aber auch bildnifse nach lebenden personen. Herr Kuntze ist im begriff nach England zu gehen, und ich zweifle eben so wenig, dafs man dort seinen talenten gerechtigkeit werde widerfahren lafsen, als ich überzeugt bin, dafs er diese durch ferneres studium noch immer mehr auszubilden suchen werde.

Reihe von zimmern im ersten stockwerk nach der strafse zu.

Erstes zimmer.

1) *Ein bildnifs von Bernardo Strozzi.*
(hoch 3 fufs 9 zoll, und eben so breit: NB. der fufs nach Pariser maafse, pied de roi, gerechnet.)

Schöner bildnifs vom Prete Genovese.

Ein hauptstück in dieser galerie! Man findet darauf die innschrift: Effigies Julii Strozzi a Presbytero Bernardo Strozzi picta. 1635. Es ist ein bruststück auf halben leib mit zwei händen, von denen die eine ein buch, die andere ein schnupftuch hält. Die kleidung ist schwarz: der kopf hat einen sprechenden charakter, der auftrag der farben ist vortreflich. Das gesicht ist beinahe ganz von vorn im vollen lichte gehalten. Demohngeachtet ist der kopf sehr rund. Der maler ist auch sonst unter dem nahmen il Capuccino oder il Prete Genovese bekannt. Die werke, die man von ihm sieht, sind sich an werthe sehr ungleich. Am häufigsten trifft man sie in Genua an, und da haben sie viel vom styl des Guercino in seiner rothen manier. Gegen das ende seines lebens ging der künstler nach Venedig, und verbefserte dort seine farbe. Aus dieser zeit ist das gegenwärtige äuserst schätzbare bild.

Schönes bildnifs von Tiberio Tinelli.

2) *Ein bildnifs von Tiberio Tinelli.*
(hoch 3 fufs 9 zoll, und eben so breit.)
Gleichfalls ein brustbild auf halben leib mit zwei händen, von denen die eine ein buch hält, die andere demonstrirt, gleichsam um den eindruck der rede zu unterstützen. Dies bildnifs gehört zu den schönsten, die man sehen kann. Es ist nicht möglich, natur und wahrheit höher zu treiben. Die figur spricht, und man hört sie reden. Die färbung ist eines Tizians würdig, so wie man überhaupt dieses werk den schönsten bildnifsen des letztgenannten meisters an die seite setzen kann. Die zeichnung ist bestimmt und richtig. Alles ist rund ohne starke schatten. Denn auch hier steht der kopf ganz von vorn in vollem lichte. Die hände sind bewundernswürdig, und man glaubt in die demonstrirende greifen zu können. Das gewand ist schwarz und mit pelzwerk verbrämt. Die beiwerke sind mit zweckmäfsiger sorgfalt behandelt.

Ich ziehe dieses bildnifs dem vorigen, dem es zum pendant dient, noch vor. Unter dem lorbeer, der auf dem tische steht, findet man die innschrift: Tiberius f. Das buch, welches der mann offen in der hand hält, sind die dekretalen. Diese beiden umstände, verglichen mit der kleidung und der redenden handlung, lafsen ziemlich zuverläfsig auf die person, die hier abgebildet ist, und den künstler schliefsen. Es erzählt nemlich Ridolfi, (Le Maraviglie dell' Arte; overo Vite dei Pittori Veneti) dafs Tiberio Tinelli, einer der gröfsten venezianischen bildnifsmaler, das portrait eines berühmten advokaten, Nicolo Crafso, für sein bestes werk gehalten habe. Sehr wahrscheinlich ist es dieses. Der besitzer hat es in Rom vom Volpato mit dem vorigen zugleich erkauft. Die ähnlichkeit der gröfsen beider gemälde macht die vermuthung nicht unwahrscheinlich, dafs beide künstler im wettstreit mit einander gearbeitet haben. Der Prete Genovese war ein zeitgenofse des Tinelli und brachte, wie gesagt, die letzte zeit seines lebens in Venedig zu.

Ein Gemälde von Correggio.

3) *Madonna mit dem kinde, von Correggio.*
(hoch 1 fufs, breit 9½ z.l.)
Der beweis der richtigen angabe des meisters läfst sich für den kenner nur durch den anblick führen. Der flüchtigste blick würde diesem so-

gleich zeigen, dafs gedanke und darstellungsart dem Correggio allein gehören
können. So hat kein anderer meister seine gruppen geordnet, seine formen
und seinen ausdruck gewählt; so hat kein anderer meister seine figuren gestellt, und seine mafsen von licht und schatten zusammen gehalten. Also
ist so viel aufser zweifel, das bild, wenn es nicht von ihm ist, ist wenigstens
eine kopie nach ihm. Hier glaube ich aber nach der genauesten und wieder-
holtesten prüfung behaupten zu dürfen, der kopist hätte sich so nicht ver-
bergen können. Er hätte es an einigen stellen befser gemacht, und an den
meisten nicht so gut. Ueberhaupt ist kein maler so schwer zu kopiren, als
Correggio. Er hat so wenig bestimmtes in seiner zeichnung, er schmilzt
seine tinten so sehr in einander, dafs alle kopien, die ich nach ihm kenne,
entweder zu hart oder zu bunt geworden sind. Beides ist hier nicht der
fall. Ich halte also das bild für original und eile jetzt zu defsen beschreibung.

Die Madonna sitzt und hält ihr kind mit beiden händen auf ihrem
schoofse. Ihr still herabgesenkter blick hat keinen ausdruck von bestimmter handlung. Mit der einen hand fafst sie das kind an den rechten schenkel,
die finger der andern legt sie ihm auf den unterleib. Das kind wiegt sich
nachläfsig auf der mutter schoofse, spielt mit dem zeigefinger der linken hand
im munde, und fafst mit der rechten den daum der mutter. Die beine sind
ausgestreckt, das eine hierhin, das andere dorthin, so sorglos und so ruhig,
als möglich. Es ist mit einem weifsen hemde bekleidet.

Zu welchen wichtigen bemerkungen über das wesen des schönen in der
malerei mufs nicht dieses bild veranlafsung geben! Eine mutter, die so
schlichtweg ihr kind auf dem schoofse hält, ein kind, das so schlechtweg darauf sitzt, ohne bestimmte handlung, ohne ausdruck eines besondern antheils
an einander; wer in aller welt könnte glauben, dafs dies ein interefsantes sujet für die kunst sei? Und doch! man sieht alle rund herum hängenden meisterstücke der italiänischen und niederländischen schule mit bewunderung an,
und kömmt immer mit wohlgefallen auf den einfältigen jungen mit seiner ein-
fachen mutter zurück.

Das gesicht der mutter hat ganz die form der Correggianischen madonnengesichter: die grofsen augen, die breite nase und das etwas breite oval. Der
mund hat die dem meister gewöhnliche lieblichkeit nicht; vielmehr einen

zug von traurigkeit. Ich muſs aber gestehen, dafs sowohl um den mund herum als in einigen partien des gesichts retuschen anzutreffen sind. Sieht man das bild in einem hellen sonnenscheine, oder des abends vom kerzenlicht befeuchtet in einiger entfernung, so verschwinden die fremden tinten und das gesicht erhält als lann seine ursprüngliche lieblichkeit wieder.

Der kopf der Maria ist gegen den übrigen körper zu grofs, und die ganze figur bestelit beinahe aus kopf und händen. Diese letzten sind sehr schön, vorzüglich würde die hand in der verkürzung ein meisterstück seyn, wenn sie nur nicht gelitten hätte.

Das kind, ob es gleich keinen unterleib hat, ist zum aufefsen lieblich, aber so dumm lieblich, dafs man sich über sich selbst ärgert, es so gern zu haben. Denn am ende ist es kein ideal, es hat nichts göttliches in der phisiognomie, es ist ein schelmisches bübchen, wie man es hundertmahl in der natur angetroffen zu haben glaubt. Aber die haare, die händchen, die füfschen! — allerliebst! man hängt daran, wie die mutter an ihrem leiblichen kinde.

In dem einen arme ist eine schöne verkürzung. Die ganze stellung ist hingezaubert. Dieser unerklärbare reiz des eiülligen der formen wird nun durch den zauber der beleuchtung, durch den schmelz der farben, und durch die harmonie des ganzen unterstützt. Was müfste es für ein bild seyn, wenn es in seiner urspiünglichen reinheit auf uns gekommen wäre! aber man mufs aufrichtig seyn. Das stück hat gelitten. Der schmutz hat sich in die vertiefungen eingesetzt, welche der raum zwischen den faden des groben tuchs bildet; und dieser scheint jetzt, ohne die farbe mit wegzuwaschen, nicht weg zu bringen seyn. An einigen stellen ist diese verwaschung auch bereits geschehen: andere stellen sind von einer ungeschickten hand retuschirt. Aber da, wo das bild noch wohl erhalten ist, z. e. in dem gesicht des knabens und in der hellen partie des kopfs der Madonna, zeigen sich die schönsten tinten, und selbst das ganze in seinem gegenwärtigen zustande mufs die bewunderung aller kenner und nichtkenner auf sich ziehen.

Es ist hiebei die bemerkung zu machen, dafs Correggio unter die meister gehört, von denen man nur wenige stücke rein und unversehrt antrift.

4)

4) *Die mutter Gottes mit dem kinde, dem heiligen Joseph und drei männlichen figuren von Raphael.* *Ein gemälde von Raphael.*
(hoch 8 zoll, breit 6¼ zoll, auf chinesischem papiere auf holz gekebt.) Die erste frage, die der wahre kenner aufwirft, wenn er einem gemälde den nahmen eines grofsen meisters beilegen hört, ist diese: hat die arbeit überhaupt einen werth, der die untersuchung über den urheber vor den augen vernünftiger menschen rechtfertige? Und diese erörterung will ich denn auch bei dem gegenwärtigen vorangehen lafsen.

Der gedanke ist sehr einfach: die szene geht neben einem postament vor, welches wahrscheinlich zum stuhl einer säule an einem portikus oder am eingange eines grofsen thors gehört hat. Von dem postamente hängt linker hand für den zuschauer eine rothe decke herab, rechter hand sieht man einen theil des himmels. In der mitte sitzt die mutter gottes auf einem behauenen steine, und hält das kind Jesus stehend neben sich, so, dafs sie mit der einen hand seinen leib umfafst, mit der andern seinen rechten fufs etwas in die höhe hebt.

Zur linken seite der Madonna nähert sich ein bischoff mit entblöfstem haupte, fafst den linken arm des kindes, den ihm dieses hinreicht, und macht sich bereit ihn zu küfsen. Das kind hebt die rechte auf um ihn zu seegnen. Hinter dem bischoff sieht man den obertheil eines jungen mannes im chorhemde, der zur begleitung des bischoffs zu gehören scheint: zur rechten seite der Madonna den heiligen Joseph auf einen stock gelehnt, das eine knie auf den stein gestützt, auf dem Maria sitzt, und mit dem leibe vorwärts gebeugt, um vor der Madonna vorbei das, was auf der andern seite vorgeht, zu sehen.

Zwischen dem heiligen Joseph und der Madonna im hintergrunde wird man dann noch den kopf eines jünglings gewahr, der fortzugehen scheint, aber durch die wendung des kopfs nach der szene zu, die er verläfst, dem zuschauer seine gesichtsbildung zeigt.

Es hat dies bild wahrscheinlich einer von denen äufserungen von devotion seine entstehung zu verdanken, welche zu Raphaels zeiten so gewöhnlich waren. Ein frommer bischoff wollte ein zeugnifs seiner ergebenheit für die heilige familie ablegen, also liefs er sich und seine begleitung malen, wie sie der mutter gottes und ihrem kinde ihre ehrfurcht bezeugen, und das bild war zur verzierung eines oratoriums, einer kleinen hauskapelle bestimmt. Das ist alles, was man mit einigem grade von wahrscheinlichkeit von dem sujet sagen kann. Denn dafs es eine darstellung im tempel seyn sollte, das läfst sich meiner einsicht nach nicht rechtfertigen.

Die szene geht nicht im tempel, sondern höchstens vor demselben vor: das kind Jesus ist in einem alter von 2, 3 jahren gebildet: der bischoff und sein chorherr sind im kostume der neueren kirche gekleidet, und der ganze ausdruck pafst nicht auf den alten Simeon, der in der überströmung seiner gefühle das kind Jesus in seine arme fafste und ausrief: Herr, nun läfsest du deinen diener in frieden fahren! u. s. w.

Dafs der junge mann mit dem umgewandten haupte Raphael selbst sei, wird nicht mit zuverläfsigkeit behauptet werden können, da die ähnlichkeit wenigstens nicht auffallend ist. Es ist mir nicht unwahrscheinlich, dafs der kopf blos darum dahin gestellt sei, um die lücke zwischen den köpfen des heiligen Josephs und der Madonna zu füllen, und das auge durch keinen unangenehmen absatz zu beleidigen.

Die anordnung ist gut. Die einzelnen theile des ganzen entwickeln sich für das auge mit grofser leichtigkeit. Die figuren sind nicht, wie es Raphaels gewohnheit in seiner ersten zeit war, in einer reihe neben einander hingestellt. Die mutter Gottes sitzt mit dem kinde, wie billig, voran. Von ihr ab läuft der blick sehr natürlich, von beiden seiten an den übrigen figuren hinaus, wobei ihm die bald höher bald niedriger stehenden köpfe eine angenehme abwechselung gewähren.

So viel die wahl der formen, die stellung und den ausdruck anbetrift, so hat die mutter Gottes eine gesichtsbildung, wie sie mir auf andern bildern Raphaels nicht vorgekommen ist. Sonst haben die madonnengesichter dieses meisters etwas hohes und ernstes. Dieses hier hat beinahe eine marattische lieblichkeit, und in dem untertheile des gesichts sogar etwas kleinliches. Inzwischen ist bescheidenheit, herzensgüte und herzenseinfalt darüber ausgegofsen. Sie schmiegt den kopf zärtlich an das haupt ihres kindes an, ohne dafs jedoch ihr vorwärts herabgesenkter blick einen weitern antheil an der handlung nähme. Die formen ihres körpers sind sehr swelt, und besonders hat der arm, mit dem sie das bein des kindes aufhebt, eine reizende lage. Ob übrigens dieser arm in seiner junktur am schulterblade nicht zu weit vom kopfe entfernt und der hals zu lang sei, überlafse ich dem urtheil gröfserer kenner. Eben ihrem urtheil mögte ich auch den zweifel unterwerfen, ob nicht überhaupt die figur der Madonna zu lang gegen die übrigen nebenstehenden sei; ob der untertheil des körpers mit dem obertheile in ein richtiges verhältnifs gesetzt sei, und ob das linke bein nebst der hüfte so sehr von der Madonna ab, rechts hin habe gedreht werden können, da der leib die direction ganz nach der linken seite hin nimmt. So reizend die form durch diese wendung des körpers werden mag, so scheint sie mir doch zu unnatürlich, um gebilliget werden zu können. Inzwischen ist die zu starke drehung der figuren Raphaeln schon in andern seiner werke vorgeworfen worden.

Das kind Jesus ist unstreitig die figur, woraus der styl dieses meisters am mehrsten hervorscheint. Der kopf ist von grofser wiewohl kindlicher schönheit. Es ist nicht blos lieblichkeit und unbefangenheit, die ihn wohlgefällig macht, es liegt die ahndung eines geistes darin, der über sein alter erhaben ist. Der blick voll milde, den er auf den bischoff heftet, ist der handlung so angemefsen, dafs man sagen darf: er verbreite würklich seegen.

Der körper ist zu grofs gegen den kopf nach den proportionen des kindlichen alters: die hüften besonders sind viel zu dick, und die kniemuskeln zu stark angedeutet. Alles fehler, die dem Raphael nicht ungewöhnlich sind, und deren ungeachtet die figur immer sehr schön bleibt: wie lieblich die füfschen! wie reizend arme, brust, leib, und das dem bischoff überlafsene händchen! an dem kopfe des bischoffs ist der ausdruck ehrerbietiger frömmelei sehr wahr: doch ziehe ich den kopf des chorherrn vor. Dieser ist von grofser anmuth, und ganz im geiste der schönsten jugendlichen köpfe in dem streite über das sakrament von demselben meister gedacht. Beides der kopf des bischoffs und des chorherrn scheinen mir jedoch bildnifse würklicher personen zu seyn.

Der kopf des heiligen Josephs hat etwas finsteres und trockenes an sich, das am mehrsten an die schule des Pietro Perugino erinnert. Auch ist es schwer die ganze stellung auf den ersten blick zu entwickeln. Man glaubt, der körper sei aufser dem gleichgewicht, verwachsen, und der linke arm zu kurz. Erst bei genau angestellter prüfung sieht man, daſs der heilige Joseph sich mit dem linken knie auf den stein stützt, worauf Maria sitzt, und sich dann links vorbeugt, um beſser zu sehen. Der rechten seite und besonders dem arme in der verkürzung dürfte es wohl ein wenig an haltung fehlen: sie weichen nicht genug zurück. Der junge mann, der im weggehen den kopf umwendet, ist gleichfalls mit Raphaels geist gestempelt, inzwischen hier ausser der handlung und zu willkührlich gestellt: denn so weit kann sich kein kopf nach dem rücken zu herum drehen. (*)

Einiger zweifel gegen die richtigkeit der zeichnung habe ich bereits erwähnet. Ich setze in ansehung dieses punkts noch die bemerkung hinzu: daſs die umriſse nicht hart abgeschnitten sind, wie man sie wohl in Raphaels früheren gemälden anzutreffen pflegt. Jedoch machen die kontouren am christkinde eine ausnahme, welches aber, wie man deutlich sieht, daher kömmt, daſs die feinen übergänge von dem fleische zu dem gewande, wovon es absticht, verblichen sind. An den beiden fingern des christkindes, die es zum seegnen aufhebt, bemerkt man deutlich ein pentimento. Sie waren zu lang, der maler hatte diesen fehler verbeſsert, indem er mit der rothen farbe von dem gewande der Madonna die spitzen bedeckt hatte. Dieser auftrag ist verblichen, und man sieht jetzt wieder das vorige überschieſsende. Die hände sind nicht von schöner wahl: aber in diesem theile des menschlichen körpers bestand Raphaels stärke nicht. Sie haben sonst viel von seinem karakter, nur form und muskeln sind nicht bestimmt genug angegeben. die füſse sind treflich.

Die gewänder sind schön geworfen, und deuten das nackende sehr gut an.

(*) Ein theil dieser bemerkungen wird sich bereits mit dem kupferstich belegen laſsen, der diesem werkchen vorgesetzt ist. Wir haben die zeichnung dazu durch den miniaturmahler, herrn Kuntze, mittelst eines in oel getrankten papieres von dem originale selbst abnehmen laſsen, und nach dieser zeichnung ist das stück gestochen. Wir haben dadurch den höchsten grad von treue zu erreichen gehoft, der in unsern gegenden von künstlern, die nicht täglich nach Raphael studieren, zu erwarten war. Aber am ende sehen wir doch, daſs das kupferstich nur zur erläuterung der beschreibung des gemäldes dienen kann. Die köpfe und das nackende haben am mehrsten verlohren. Man würde sehr unrecht haben, über die originalität und den werth des gemähldes nach den umriſsen dieses kupferstichs zu urtheilen.

Das kolorit hat die schönheiten, welche man in der zuletzt verfertigten hälfte seines streits über das heilige sakrament antrift. Es hat das liscio der Italiener, das fein verschmolzene des hellen einer farbe in ihre dunkeln verweichungen. Eine grofse variazion von tinten hat der meister nicht angebracht. Er nahm für jedes alter und geschlecht eine mehr oder minder dunkle fleischfarbe. Bei den weibern scheint sie blos aus weifs und roth bestanden zu haben, hingegen bei den männlichen figuren hat er sie gleich mit gelb versetzt. Durch den blofsen zusatz von schwarz und umbra scheint er nun alle gradazionen bis zum stärksten 'schatten hervorgebracht zu haben. Dadurch erhalten die mitteltinten im fleische der Madonna und des kindes eine perlenfarbe, die sehr sanft ist. Bei den männlichen figuren fallen diese mitteltinten ein wenig mehr ins grünliche. Die stärksten schatten spielen endlich ins bräunliche, welches aber nicht brennend ist, sondern worin ein kaltes grau immer prädominirt.

Die scheine um dem kopfe der Madonna und des kindes herum, so wie die verbrämungen einiger gewänder sind mit würklichem golde verguldet. Die lokalverhältnifse der gewänder sind sehr harmonisch gewählt, und man bemerkt besonders darunter diejenigen, die in Perruginos und Raphaels schule so gewöhnlich waren, z. e. das unterkleid des heiligen Josephs von grünem changeant, den gelbrothen mantel, u. s. w.

Das helldunkle kann in Raphaels bildern nicht in betracht kommen. Man mufs auf die rundung der einzelnen figuren sehen, und diese ist gut. Es zeigen sich sogar spuren von reflexen, obgleich in sehr unvollkommener maafse. Die verkürzungen waren Raphaels stärke überhaupt nicht, und sie sind auch in diesem gemälde nicht gerathen.

Die behandlung dieses bildes ist erstaunenswürdig. Sie giebt an fleifs und feinheit keinem Niederländer etwas nach. Das Christkind übersteigt alle vorstellung von demjenigen, was man von besorgter ausführung erwarten kann.

Unstreitig gehört dies gemälde zu den kostbarsten kabinetsstücken, welche die kunst jemahls geliefert hat, und ich wage es dreist zu behaupten, dafs es blos der heiligen familie im pallast Borghese, ongefehr von gleicher gröfse, von Raphael (siehe mein werk über mahlerei in Rom th. 1. s. 309.) nachzustehen brauche. Dies gemälde hier ist nicht in dem grandiosen und richtigem style gezeichnet, wie jenes: dafür aber fleifsiger ausgeführt. Ich halte mich überzeugt, dafs dies bild von Raphael sei. Mein hauptgrund ist dieser, dafs bei den unverkennbaren merkmalen, welche dies bild von der schule Raphaels an sich trägt, ich schlechterdings keinen meister unter seinen zeitgenofsen oder seinen schülern kenne, der so gut hätte malen können, und der zugleich die schönheitsideen mit der fleifsigen ausführung, die hier beide zusammen angetroffen werden, verbunden hätte. Ich läugne übrigens nicht, dafs einige zweifel gegen die wahrheit der benennung übrig bleiben. Denn das gesicht der Madonna, welches man hier antrift, ist Raphaeln sonst nicht eigen. Einige inkorrektionen in der zeichnung sind dem bilde gleichfalls vorzuwerfen, und die sehr fleifsige behandlung, das würkliche gold in den heiligenscheinen und gewändern kommt nicht mit der zeit überein, worin Raphael sich schon, wie hier, von der härte der schule des Perrugino losgemacht hatte. Denn in der früheren zeit, worin er jenes gold noch anbrachte, und noch so fleifsig ausführte, war er auch noch hart. Perruginos härte findet man aber in diesem bilde nicht. Inzwischen können diese gründe bei mir gegen die innere überzeugung, die mir der anblick des ganzen giebt, nicht in betracht kommen. Ich glaube, dies werk ist während der zeit, da er am streite über das heil. sakrament arbeitete, verfertigt, in dem übergange aus der schule des Perrugino zu seiner freieren manier. Vielleicht darf ich auch die vermuthung wagen, dafs einer seiner schüler dies bild nach seiner zeichnung angelegt habe, und dafs es nachher von ihm retuschirt sei. Eine vermuthung, welche die hin und wieder zu bemerkenden pentimenti zu bestärken scheinen, da wir aus den werken des Mengs wifsen, dafs sich ein ähnlicher zufall mit der transfigurazion zugetragen hat. Uebrigens hat sich dies kostbare kleinod vortreflich erhalten, welches ich nach einer langen und vielleicht für viele ermüdenden beschreibung nicht ohne liebe und sehnsucht verlafse.

f) *Bildnifs von Franz Mieris.*
(hoch 8¼ zoll, breit 6 zoll.)

Kniestück, bildnifs eines mannes im blauen mantel. Stücke von diesem meister sind immer eine kostbarkeit, obgleich zu viel einförmigkeit in der manier herrscht. Wer eines gesehen hat, kennt sie alle. Man pflegt den Mieris oft mit Gerhard Dow in eine klasse zu setzen. Aber welch ein unterschied zwischen beiden in ansehung des bestimmten ausdrucks und der korrekten zeichnung! Auf unserm bilde steht der nahme des meisters und die jahrszahl 1679.

6) *Ein Christuskopf mit der dornenkrone und dem kreutz, angeblich von Leonardo da Vinci.*

(hoch 1 fuſs 6 zoll, breit 1 fuſs 4 zoll.)

Ich spreche diesem kopfe nicht alles verdienst ab, und glaube auch wohl, daſs er aus der schule des Leonardo sei. Ob aber von ihm selbst, daran zweifle ich, besonders weil die hände so inkorrekt gezeichnet sind.

7) *Kain und Abel,* von *Andrea Sacchi.*

(hoch 1 fuſs 7½ zoll, breit 2 fuſs 1 zoll.)

Abel liegt todt hingestreckt auf der erde: Kain entflieht. Man findet dies sujet öfterer von demselben meister behandelt. Der hingestreckte Abel ist eine schöne akademische figur, aber unstreitig zu grofs im verhältniſs mit dem entfliehenden Kain. Das verbliechene in dem entseelten hat der maler übertrieben. Er gleicht einer statue. Das übrige ist mit der dem meister gewöhnlichen kraft kolorirt.

8) *Eine heilige Katharina von Siena, von unbekannter hand.*   Heilige Katharina von Siena, von unbekannter hand.

(hoch 2 fuſs 4¾ zoll, breit 3 fuſs.)

Die heilige liest in einem buche. Sie sitzt auf einem stuhle mit einem gestickten rückblatt. Ihr kleid ist von changeant, der mantel gelb. Das buch, welches sie mit beiden händen hält, liegt auf einem blauen polster, der mit goldborten besetzt ist, und an dem quäste mit gold durchwirkt hängen. Der tisch ist mit einem rothen teppich bedeckt. Hinter dem küſsen liegt eine krone auf einem gelben tuche von der farbe des mantels. Hinter dem tische steht das instrument ihres martherthums, das rad. Im fond ein paar säulen, zwischen denen ein vorhang hängt.

Man sieht das gesicht der heiligen beinahe im profil. Es ist keine idealische schönheit, aber doch kein portrait, sondern ein selbst erfundener kopf mit dem karakter jungfräulicher sittsamkeit und unschuld; mehr ernst als gefällig, besonders um den mund herum, defsen oberlippe etwas aufgeworfen ist. Der ausdruck von aufmerksamkeit ist sehr wahr. Die schulter ist verzeichnet und zu weit vom kopfe entfernt. Die hand ist natürlich, aber nicht von schöner form. Der arm hat nicht die swelte rundheit, worin man den reiz eines weiblichen arms zu setzen pflegt. Er ist beinahe am ellenbogen eben so stark, als an der junktur mit der hand. Der faltenschlag ist unbestimmt, und die stoffe sind gekniffen. Die beiwerke sind sehr fleifsig behandelt. Die farbe ist sich nicht gleich. In dem gesichte scheint sie gelitten zu haben, und fällt in den halbschatten ins grasgrüne, in den ganzen schatten ins gelbrothe. An den händen bemerkt man einen kräftigen auftrag von farben, die aber zu kreideweis und rosenfarbig sind, um völlig wahr zu seyn. Das helldunkle ist unvergleichlich und sehr harmonisch.

Der werth dieses reizenden bildes liegt besonders in der wahl der wohlgefälligen aber nicht über die natur gehobenen formen, der grofsen harmonie der farben unter einander, des vortreflichen helldunkeln und der mit zweckmäfsigem fleifse behandelten beiwerke.

Von wem dieses stück sei, bin ich schlechterdings nicht im stande anzugeben. Man hat es bis jetzt dem Guido Rheni beigelegt, und ich bin so wenig anmaafsend in meinem urtheile über die richtige angabe eines meisters, dafs ich nicht einmahl mit zuverläfsigkeit behaupten mag, es sei nicht von ihm. Inzwischen finde ich nach meiner erfahrung nicht die geringste spur des Guidoischen pinsels. Dieser ist kek, und besonders in der behandlung der haare, der augenbrauen, der muskeln u. s. w. von aufserordentlicher sicherheit und leichtigkeit. Hier ist die behandlung des pinsels, wo nicht ängstlich, doch sehr besorgt. Der faltenschlag scheint dem Guido eben so wenig zu gehören, als die form der hände und die gesichtsbildung, und dafs er jemahls die nebenwerke so ausgepinselt habe, wie es hier die rücklehne des stuhls und die blätter des buchs sind, darüber möchte ich den beweis erwarten.

Eher

Eher noch hat das stück etwas vom Albano, Domenichino, und am meisten vom Pietro da Kortona, doch kann diesem die farbe nicht beigelegt werden. Wenn ich aufrichtig sagen soll, was ich denke, so glaube ich, das stück ist gar von keinem Italiäner, sondern von einem fremden, der nach obengenannten meister in Rom studirt hat, und zwar von einem der ältern Franzosen.

Man muſs würklich sehr behutsam bei der angabe eines meisters seyn, *Anempfehlung* wenn nicht das stück unleugbare kennzeichen seines styles an sich trägt. *der behutsamkeit* Es ist ein sonderbarer grundsatz, wenn man behauptet, weil ein gemälde aus- *bei bestimmung* gezeichnete vorzüge hat, so muſs es nothwendig von einer berühmten hand *gemäldes.* seyn. Wie oft hat ein sonst wenig bekannter künstler einzelne vortrefliche werke geliefert! Man erinnere sich an die schöne kreutzabnehmung in St. Pietro di Montorio in Rom, von der der meister bis auf diese stunde nicht herausgebracht ist.

9) *Ein kruzifix, angeblich von Rubens.*
(hoch 1 fuſs 10½ zoll, breit 1 fuſs 3 zoll.)

10) *Eine betende Madonna, von Saſso Ferrata.*
(hoch 1 fuſs 7 zoll, breit 1 fuſs 3 zoll.)

11) *Christus am kreutz zwischen zwei schächern. Skizze von Vandyk.*
(hoch 1 fuſs 9⅝ zoll, breit 1 fuſs 4 zoll.)

Es ist nur eine skizze, aber eine sehr ausgeführte und sehr vortrefliche. Unten am kreutz stehen der heilige Johannes und die mutter Gottes. Mehrere engel umgeben sie, und einer fliegt in die höhe, Christo den kelch zu reichen. Ein sturm bewegt die luft. Die zeichnung ist sehr gut, besonders in den gewändern, welche der wind hart an das nackende der figuren anschlieſst. Der ausdruck ist vortreflich. Der ton der farbe hat das helle, harmonische, grau violette, welches die Franzosen *ton argentin* nennen.

12) *Gesellschaftsgemälde, von Carl van Mander dem ältern.*
(hoch 1 fuſs 8¼ zoll, breit 2 fuſs 4 zoll.)

Personen, die am tische sitzen. Ein seltenes und zugleich schönes bild.

13, 14) Zwei italienische architekturgemälde von unbekannter hand.

(hoch 9 zoll, breit 1 fufs 1 zoll.)

15) Ein heiliger Dominikus betend, angeblich von Solimena.

(hoch 1 fufs 8 zoll, breit 1 fufs 3 zoll.)

Ich setze zweifel in die richtige angabe des meisters. Das stück scheint aus der schule des Albano zu seyn.

16) Eine heilige familie, angeblich von Albert Dürer.

(hoch 1 fufs 9 zoll, breit 1 fufs 4 zoll.)

Ueber das eigenthümliche in den werken Albert Dürers.
Nichts ist gewöhnlicher, als dafs man werke, worin hagere knöcherne körper, haare in strippen gelegt, falten, die wie mathematische figuren aussehen, harte umrifse und trockener fleifs angetroffen werden, dem Albert Dürer beilegt. Aber alle diese eigenthümlichkeiten machen nicht sowohl den karakter dieses meisters, als vielmehr den der anzen früheren Deutschen und Niederländischen schule aus. Das unterscheidende im styl des Albert Dürers ist der bestimmte ausdruck spezifiker seelen sowohl in ruhe als thätigkeit. Jede person, die er malt, ist ein lebendiges wesen für sich, dafs man von allen andern seiner gattung unterscheidet, und das doch so viel allgemeines an sich hat, dafs ein jeder in seinem leben schon ein ähnliches angetroffen zu haben glaubt. Jede handlung, die er darstellt, kann nichts anders bedeuten, als das, was er damit geäufsert haben will: er übertreibt lieber ein wenig gebärden und mienen, als dafs er ihre absicht unverständlich machen sollte. Das ist Albert Dürers eigenthümlichkeit. Wenn man mir daher ein gemälde zeigt, was diesen bestimmten ausdruck von individualität nicht an sich trägt, so bin ich immer berechtigt, die wahrheit der angabe des meisters zu bezweifeln.

Das gegenwärtige bild auf einen goldgrund gemalt, hat sehr reizende weiberköpfe, mit sehr grofsem fleifse und sehr frischer färbung ausgeführt. Der faltenschlag und die formen haben gleichfalls viel von Albert Dürers style: aber sowohl der physiognomische als patologische ausdruck fehlen. Die figuren sagen nichts. — Dies macht mir zweifel, dafs das stück von dem angegebenen meister sei. Es ist aber höchst wahrscheinlich aus seiner schule, wohl erhalten, und voller verdienst in einzelnen theilen. (*)

17) *Bildnifs des Largillieres, von ihm selbst gemalt.*

(hoch 2 fufs 8 zoll, breit 2 fufs 1 zoll.)

Figur auf halben leib mit händen. Der kopf ist voller karakter und wahrheit. Besonders ist das schlaffe fleisch der älternden wange sehr treu dargestellt. Die beiwerke sind mit zweckmäfsigem fleifse ohne ängstlichkeit behandelt. Die karnazion fällt aber in die farbe des weinhefens.

18) *Bildnifs des admirals Ruyter, von Rembrandt.*

(hoch 2 fufs 4 zoll, breit 1 fufs 9 zoll.)

So nennt man einen mann, der sitzend auf halben leib im helm und panzer abgebildet ist. Die würkung des helldunkeln ist äuserst pickant: die farbe im lichte zugleich sehr wahr. Die schatten haben nachgedunkelt, und ihre durchsichtigkeit verlohren.

19) *Bildnifs eines jungen mannes, wahrscheinlich von Lievens.*

(hoch 2 fufs 6 zoll, breit 1 fufs 11 zoll.)

Dieser kopf ist wieder sehr schön und voller leben. Im styl der stellung und der farbe hat er viel vom Vandyk. Die halbschatten fallen etwas ins violette. Er scheint etwas durchs verwaschen gelitten zu haben:

(*) In Salzdahlen hängen ein paar stücke, welche mit denen des herrn von Drabek viel ähnlichkeit haben. Sie werden einem gewissen Friedrich Cüstris beigelegt.

Von Albert Dürer sieht man die schönsten werke in München und Nürnberg. In unsern gegenden sind sie seltener. In Salzdahlen sind ein paar gute köpfe von ihm. Auf der kunstkammer in Braunschweig sieht man einen Johannes den täufer, der vor mehreren figuren in der wüste predigt: ein stupendes schnitzwerk in holz.

Eines der schönsten werke dieses meisters besitzt aber der. herr oberjägermeister von Siersdorf in Braunschweig. Das bild stellt eine heilige familie vor. Die mutter Gottes küfst ihr kind: — ausdrucksvoller ist diese handlung nie gemahlt worden.

D 2

Styl des Lievens. Lievens gehört unter die besten Niederländischen maler. Sein ruhm ist lange nicht so ausgebreitet, als er es zu seyn verdient. Er hat auf eine sehr glückliche art die vorzüge der Rembrandtischen und Vandykschen schule zu vereinigen gewufst. Er hatte den kecken auftrag und das pickante des helldunkeln von der ersten, das wahre in der farbe von der letzten. Die gemälde, die er in England malte, haben viel von der manier des Vandyks, unter defsen au en er ums jahr 1630 arbeitete; inzwischen fällt die farbe mehr ins gelbe, und die zeichnung ist weniger korrekt. Der schönste Lievens, den man sehen kann, hängt in Salzdahlen, und stellt den Abraham vor, wie er im gefühl der dankbarkeit für die rettung seines sohnes, diesen an seine brust drückt, auf die knie fällt, und die augen anbetend zum himmel kehrt. Wenn man dies bild gesehen hat, so kann man dreist das berühmte opfer Isaaks im pallast Doria, das für Tizians werk gehalten wird, (siehe mein werk über malerei etc. in Rom th. II. s. 124.) dem Lievens beilegen.

20) *Vermählung der heiligen Katharina von Siena: aus der venezianischen schule, wahrscheinlich von Palma Vecchio.*

(hoch 1 fufs 1 zoll, breit 1 fufs 5 zoll.)

21) *Eine gesellschaft von bauren, von Adrian Brouwer.*

(hoch 10 zoll, breit 1 fufs 2½ zoll.)

22) *Der heilige Johannes in der wüste, nach Raphael, angeblich von Nikolaus Poufsin.*

(hoch 2 fufs 1 zoll, breit 1 fufs 9 zoll.)

Eine ins kleine gebrachte kopie des bekannten gemäldes von Raphael, welches man beinahe in allen galerien antrift, und überall für original ausgegeben wird. Der besitzer dieser sammlung behauptet, Poufsin habe diesen Johannes hier nach Raphaeln kopirt, und ich sehe nicht ein, was dieser vermuthung im wege stehen könnte, aufser dafs das kolorit für Poufsins pinsel beinahe zu kräftig und zu wohl erhalten ist.

23) *Kreutzabnehmung, von Federico Baroccio auf kupfer.*
(hoch 1 fuſs 10½ zoll, breit 1 fuſs 2 zoll.)

Es ist eine skizze zu dem groſsen altarblatte im dohm zu Perrugia, welches Roſsi in kupfer gestochen hat. An der originalität ist nicht zu zweifeln. Es sind eine menge von figuren auf dem bilde, und das werk hat in seiner art groſsen werth. Man kennt die manier dieses meisters. Natur darf man nicht suchen, aber lieblichen schein von wahrheit, der dem auge immer wohl thut.

24) *Grablegung Christi, angeblich von Annibale Carraccio.*
(hoch 1 fuſs 2½ zoll, breit 11 zoll.)

25) *Zwei gemälde von reyhern und hunden, von Hondius.*
(hoch 11 zoll, breit 1 fuſs 1⅔ zoll.)

Dieser künstler bringt immer viel geist und leben in seine stücke.

26) *Mannskopf mit einem huthe, aus der schule Rembrandts.*
(hoch 2 fuſs 2 zoll, breit 1 fuſs 9 zoll.)

Das stück soll mit einem Kopfe in Kafsel, der dort unter dem nahmen Kromwell bekannt ist, und demselben meister beigelegt wird, ähnlichkeit haben.

27) *Banditen auf einem felsen auf raub laurend, von Borguignone.*
(hoch 1 fuſs 7 zoll, breit 2 fuſs 1 zoll.)

Aus der dunkeln manier des meisters geistreich, kräftig und sehr im styl des Salvator Rosa.

28) *Soldaten, die einen erschlagenen plündern, angeblich von Berghem.*
(hoch 1 fuſs 10½ zoll, breit 2 fuſs 1⅔ zoll.)

Das stück hat unstreitig verdienst, aber für einen Berghem kann ich es nicht halten. Ich vermuthe, daſs es von seinem schüler Jakob Hughtenburg, einem bruder des Johannes, ist.

29) *Landschaft von Decker, mit figuren von Adrian Ostade.*

(hoch 3 fufs 4 zoll, breit 2 fufs 8½ zoll.)

Decker hat viel vom style Ruysdaels, aber er ist einförmiger, steifer und hellgrüner.

Schöne land-schaft von Ruysdael.

30) *Ein wafserfall, von Jakob Ruysdael.*

(hoch 3 fufs 3 zoll, breit 2 fufs 10 zoll.)

Ein waldstrom wühlt sich sein bette um eine anhöhe herum, auf der eine hütte zwischen tannen steht. Einige von diesen sind gefället, und besonders ist ein stamm mit seinem verdorreten laube in den strom herabgesunken. Andere stämme von ästen und laub beraubt, liegen noch am ufer, und man sieht menschen dabei beschäftigt, sie noch weiter zu bearbeiten. Dieser platz nimmt die linke seite des gemäldes ein. An der andern seite am entgegenstehenden ufer des stroms sieht man bemoosete felsen mit einer überhängenden eiche und verwachsenen büchen bedeckt. Ueber die spitzen der bäume ragt noch ein hoher aber kahler berg hervor. Zwischen diese beiden ufer durch hat sich der waldstrom den weg gebahnt. Auf dem vorgrunde bricht er sich an grofsen felsstücken und platzt dann in einem weiten becken zunächst vor den zuschauern nieder. Ein wenig weiter hinauf, da wo er noch schmäler ist, ist er mit einer brücke bedeckt, über welche vieh getrieben wird. Dann verliert er sich in bergen, deren kette man in einer reichen aussicht noch weit hinauf verfolgt.

Die landschaft ist in Poufsins geist gedacht. Sie hat auch vieles von seinem tone in den fernen, die blauer gehalten sind, als man es von Ruysdael gewohnt ist. Inzwischen dürfte es dem ganzen ein wenig an harmonie und sogar an haltung fehlen. Das laubwerk ist vielleicht zu unbestimmt angegeben, aufser an den tannen, welche mit grofser wahrheit dargestellt sind.

Noch eine schöne landschaft von Ruysdael.

31) *Wafserfall, von Jakob Ruysdael.*

(hoch 3 fufs 3 zoll, breit 2 fufs 10 zoll.)

Pendant des vorigen, aber mir lieber. Das bild ist nicht so poetisch komponirt, als das vorige, aber in der ausführung wahrer und harmonischer.

Hier kömmt das wafser rechter seits hinter einer anhöhe hervor, auf der ein allerliebst gedachter bauerhof zwischen bäumen steht, und bei dem man beschäftigt ist, eine brücke auszubefsern, die auf das entgegengesetzte mit einigen bäumen bepflanzte ufer führt. Diesseits der brücke bekömmt der strom seinen ersten fall, und bildet ein weites becken, welches quer durch das bild durchgeht. Aus diesem becken stürzt das wafser nochmahls dem zuschauer entgegen, und dieser sturz nimmt den ganzen vordergrund ein. Die wahrheit in diesem wafserfalle ist unbeschreiblich. Man glaubt sein getöse zu hören. Der ton der farbe ist etwas finster und die ferne grün, aber doch mit maafse und harmonisch. Man kann dies bild zu den schönsten von diesem meister rechnen.

32) *Ein geschlechts- und gesellschaftsgemälde, von Gerbrand van den Ekhout.* Schöner Ekhout.
(hoch 2 fufs 8¼ zoll, breit 3 fufs 2 zoll.)

Der nahme des meisters mit der jahrszahl 1667. stehen auf dem gemälde. Es ehört zu den schönsten von diesem meister. Wahrscheinlich stellt es den maler selbst mit seiner frau und zwei kindern vor, wie sie im walde an einem brunnen sitzen, zu dem ein schäfer, der vor ihnen steht, seine schaafe getrieben hat. Im hintergrunde entdeckt man noch eine schäferin. Die figuren hängen unter sich durch keine gemeinschaftliche handlung zusammen. Sie sehen den zuschauer aufser dem bilde an. Aber als einzelne bildnifse haben sie einen sehr wahren ausdruck, und die extremitäten sind richtiger gezeichnet, als man es von der Rembrandtischen schule gewohnt ist. Das helldunkle ist vortreflich, und der ton der farbe im ganzen harmonisch und pickant. Die karnazion fällt ins olivenfarbige.

33) *Christus, wie man die kindlein zu ihm bringt, von Goward Flink.*
(hoch 3 fufs 3½ zoll, breit 2 fufs 9¾ zoll.)

Die natur ist gemein, die zeichnung inkorrekt, und das fleisch ledergelb. Inzwischen verkenne ich nicht die vorzüge dieses bildes. Es herrscht eine grofse abwechselung in den köpfen. Das kolorit ist sehr kräftig und das helldunkle meisterhaft behandelt. Man vergifst, dafs die figuren auf einer fläche dargestellt sind. Die tafel ist tief ausgehöhlt, die figuren sind rund und treten stark hervor. Es ist hier der ort, etwas über die Rembrandtische schule zu sagen.

Ueber Rembrandt und seine schule. Es ist bekannt, dafs Rembrandt und seine schüler ihre menschenformen schlecht gewählt, aus der trödelbude bekleidet und sehr inkorrekt gezeichnet haben. Ihr zweck war, wahrheit und schönheit hauptsächlich durch das kolorit und das helldunkle zu erreichen.

Eigentlich aber war die würkung des helldunkeln das hauptmittel, worauf sie rechneten, um ihre gemälde wohlgefällig zu machen. Diesem waren alle andere theile der malerei untergeordnet. Sie suchten also vor allen dingen die tafel tief auszuhölen, den gegenstand der darstellung von dem grunde abspringen und ihn rund erscheinen zu lafsen. Dann suchten sie das licht zusammen zu halten, damit das auge durch den kontrast dieser hellen mafse zu der dunkeln gleichsam als wie von der würkung des sonnenlichts in der natur affizirt werden mögte. In diesen beiden stücken kamen sie der verfahrungsart des Carravaggio nahe, indem sie so wie er, entweder ihre gegenstände unter ein von oben durch eine geringe öfnung herabfallendes licht brachten, oder ein solches annahmen, welches nur ein günstiger zufall zuweilen in der natur auf die gegenstände wirft, wenn gewifse nebenstehende gegenstände es vortheilhaft leiten und verstärken. Darin aber hat die Rembrandtische schule einen sichtbaren vorzug vor der Carravaggischen, dafs sie die hellen und dunkeln partien in die schönste harmonie zu bringen, die schatten durchsichtig zu halten und weitläuftige gruppen, ja weitläuftige aus mehreren gruppen bestehende komposizionen zu einem durch eine erleuchtung zusammenhängenden ganzen zu verbinden wufste. Ein gemälde von Carravaggio frappirt, indem das abstehende der lichten mafsen von den dunkeln die schnerven stark rührt. Aber diese rührung hat etwas schmerzhaftes, weil der eindruck zu grell ist: hingegen Rembrandts gemälde thun den sehnerven wohl. Licht und schatten machen hier nicht blos schwarz und weifse flecken aus, sondern beides hängt harmonisch und mit natürlichen übergängen an einander. Der reiz von mannigfaltigkeit und einheit, der dadurch entsteht, wird durch die wahl der farben, welche den hauptzweck unterstützen, aufserordentlich erhöhet. Das kolorit der Rembrandtischen schule besteht in der bekleidung der gegenstände mit solchen farben, welche der natur so nahe kommen, als es die angenehme würkung des helldunkeln gestattet. Wenn also eine gewifse farbe, die in der natur würklich angetroffen wird, das licht an einem gewifsen orte im gemälde hemmen, abspringen lafsen, und die einzelne partie mit den übrigen nicht vermählen sollte, so wird sie so weit abgeändert, als es die harmonie des helldunkeln erfordert, ohne jedoch eine völlige unwahrheit hervorzubringen. Die wahrheit des Rembrandtischen kolorits ist also nicht durch eine strenge vergleichung mit der farbe der gegenstände aufser dem gemälde zu suchen: man mufs nur gewifse allgemeine ideen von den farben, wodurch sich die gegenstände in der natur unterscheiden, mit zu dem anblick der gemälde hinzubringen, und sich dann von der wahrheit der farbe eines jeden gegenstandes im gemälde durch den kontrast überzeugen. Z. e. wenn man eine einzelne wange in Rembrandts köpfen ansieht, und das übrige bedeckt, so wird diese wange vielleicht nicht als wahres fleisch erscheinen. Wenn man sie aber gegen die übrigen theile des gesichts, oder gar gegen haare und gewand hält, so ist es fleisch..

Hier hat aber die Rembrandtische schule den vorzug vor der neueren fechtelmalerei der Italiener, Engländer und Franzosen, dafs der betrug nicht zur fühlbaren lüge wird. Ein gesicht von Pierre, Corrado u. s. w. sieht aus wie ein atlas von changeant in dem blaue, rothe und gelbe streifen spielen. Man mufs die wahrheit, welche der kontrast hervorbringt, erst mühsam aufsuchen. Hingegen herrscht in Rembrandts und seiner schüler werken immer eine solche ähnlichkeit mit der natur, dafs nur der strengere forscher die abweichung wahrnimmt. Wenn jene falsch sind, so ist es um ein blofses spiel von bunten farben hervorzubringen: diese opfern von der wahrheit nur so viel auf, als die harmonie des helldunkeln erfordert.

Folgendes sind also die karakteristischen vorzüge der Rembrandtischen schule: vortrefliches helldunkles, unterstützt von einem harmonischen kolorit, defsen unwahrheit nicht auffallend wird, so lange man nicht eine strenge vergleichung der farbe im gemälde mit der farbe in der natur anstellt. Die einzelnen künstler, welche in dieser manier gearbeitet haben, von einander zu unterscheiden, ist nun keine leichte sache. Rembrandt hat freilich etwas sehr eigenthümliches, besonders in der behandlung. Seine farben sind die frischesten, seine pinselstriche sind die kecksten. Er legte seine gemälde gleich mit farben an, welche der natur am nächsten kamen, und sich gut mit einander vertrugen, und arbeitete dann in diesen frischen auftrag mit ungemischten tinten *(teintes vierges)* hinein. Wenn die erste anlage geschehen war, vertrieb er weiter nicht, sondern setzte pinselzug bei pinselzug hin. Oft war sein auftrag so stark, dafs die farben, besonders im hohen lichte, wie klekse aussehen. Aber da er diese ungemischten und unvertriebenen tinten so abgemefsen an die stelle zu setzen wufste, wo sie genau die mitte zwischen den übrigen ausmachen, und sie richtig abstufen, so sehen doch seine farben in einiger entfernung äuserst in einander verschmolzen aus. Im grunde hatten Tizian und Rembrandt einerlei verfahrungsart, nur mit dem unterschiede: Tizian setzte bei dem übergange aus einer farbe in die andere die ganze reihe der abstufungen von tinten hin, Rembrandt nur wenige, nur die hauptsächlichsten, auffallendsten. Daher sind Tizians gemälde mehr in der nähe zu sehen.

Rembrandt unterschied sich von seinen schülern, den einzigen Gerhard Dow ausgenommen, auch dadurch, dafs er seinen figuren seele und ausdruck zu geben wufste.

Lievens war sein mitschüler unter Peter Lastmann. Da in der manier der beiden schüler viel ähnliches herrscht, so bedaure ich, dafs ich den gemeinschaftlichen lehrer nicht genug kenne, um den karakter der früheren schule zu entwickeln. Die stücke, die man mir bis jetzt als von Lastmann verfertigt, gezeigt hat, erwecken kein günstiges vorurtheil für ihn, schlagen in die schule von Cornelius Cornelis, den Franken u. s. w. und sind unangenehm roth und schwarz.

Unter Rembrandts schülern ist ihm in seiner verfahrungsart keiner so nahe gekommen, als Ferdinand Boll. Er hatte aber schon weniger harmonie. Seine halbtinten sind schon nicht mit der sicherheit aufgesetzt, wie die seines meisters: er zog schon die natur nicht mehr so viel dabei zu rathe. Daher denn die lichter oft zu hellgelb, die halbtinten zu blau und die schatten zu braunroth erscheinen. Inzwischen thun seine werke viel effekt. Die kurzen finger an den händen sind bei ihm karakteristisch.

Goward Flink malte heller und harmonischer, aber entfernte sich doch nicht von der manier seines meisters.

Arnold Geldern gehört zu den bloſsen nachahmern. Victor gleichfalls. Gerhard Dow hat sich seine ganz eigene manier gebildet, von der ich in der folge reden werde.

Nikolaus Maas und Kneller sind mehr ins kaffeebraune und violette gefallen, haben die lichter zwar hart von den schatten abgesetzt, aber doch im ganzen heller als ihr meister gemalt, übrigens mehr elevazion in gedanken und zeichnung gebracht. Ihr styl ist eine vermischung des Vandykschen und Rembrandtischen.

Leonhard Bramer hat hauptsächlich opfer und biblische geschichten gemalt, wobei viel prunk von gefäſsen u. s. w. anzubringen war. Seine figuren sind selten über einen halben fuſs lang und höchst inkorrekt gezeichnet. Die würkung des helldunkeln ist das einzige verdienst seiner gemälde. Ihm nähert sich Salomon Coning.

Wenn ich Gerhard Dow ausnehme, so hat keiner von Rembrandts schülern so viel eigenthümliche vorzüge mit so vielen von denen seines meisters vereiniget, als Gerbrandt van den Ekhout. Er ist nicht so brillant als sein meister, aber er ist vielleicht in manchen stücken richtiger und wahrer. Er verstand noch beſser ein gemälde tief auszuhölen, das ganze in harmonie zu bringen, und figuren und beiwerke zu gruppen mit einander zu vereinigen. Er scheint von einem ängstlicheren sorgsameren karakter als Rembrandt gewesen zu seyn. Seine gemälde enthalten selten figuren in lebensgröſse. Seine behandlung ist mehr geleckt. Licht und schatten sind nicht so sehr von einander abstechend. Die köpfe haben bedeutung, aber wenig ausdruck von bestimmter thätigkeit der seele. Es sind bildnifse in ruhe. Die gesichtsbildungen sind meistentheils länglicht, hager, mit vorstehenden backenknochen, langen zugespitzten nasen, und groſsen nichts sagenden augen: überhaupt von kleinlichem karakter. Die extremitäten, besonders die hände sind richtiger gezeichnet als in den gemälden von Rembrandt, die fi g r länger und mager. Die karnazion fällt ins olivenfarbige; überhaupt prädominirt ein gelbgrauer ton in seinen bildern. Die behandlung ist nicht so keck, als die von Rembrandt, er lieſs die tinten selten unvertrieben stehen.

Man findet einige sehr schöne van den Ekhouts in Salzdahlen, besonders ein götzenopfer des Salomon. Der herr oberjägermeister von Siersdorf in Braunschweig hat auch ein schönes stück von diesem meister.

34) *Perspektive einer kirche von Peter Neefs, mit vielen figuren von Teniers dem älteren.*

(hoch 1 fufs 10¼ zoll, breit 2 fufs 8 zoll.)

Von einer perspektive läfst sich nicht viel sagen: man mufs sie sehen. Das detail, was sich in dieser hier findet, läfst sich kaum ausstudieren. Man erkennt die altargemälde in den entferntesten kapellen mit den säjels, welche sie vorstellen. Die figuren sind mit geist behandelt und in grofser anzahl. Vielleicht schadet die überladung mit staffage und die zu genaue besorgung der verzierungen dem eindruck des ganzen.

35) *Raub der Dejanira, in einer landschaft von Peter Paul Rubens.*

(hoch 2 fufs 3½ zoll, breit 3 fufs 6 zoll.)

Der centaur Nessus setzt mit Dejaniren durch den flufs Evenus, hält sie mit dem rechten arm, und zeigt ihr mit der linken hand den weg, auf den er mit ihr zu entfliehen denkt. Sein herumgedreheter kopf scheint sie zu überreden, ihm gutwillig zu folgen. Aber die miene Dejanirens verkündigt den unmuth, mit dem sie diesen vorschlag anhört, und ihr ausschlagender linker arm die weigerung, ihn anzunehmen. Mit der rechten hand hält sie sittsam ihr gewand. Ein fliegender Amor zieht den centaur bei den haaren ins verderben.

- Diese gruppe nimmt die mitte des gemäldes ein.

Auf der linken seite des vor rundes sieht man den Herkules, der den bogen spannt, um den centauren zu strafen. Rechts auf dem vorgrunde ruht der flufsgott mit einer nymphe.

Die landschaft stellt eine platte gegend vor. Der flufs gleicht einem bache. An dem einen ufer ist wald: an dem andern eröfnet sich eine freiere aussicht.

Die komposizion ist sowohl dichterisch als malerisch schön. Die landschaft ist gut gedacht und so ausgeführt, dafs man nicht weifs, ob die figuren um der landschaft, oder ob die landschaft um der figuren willen gemalt sind. Die mittlere gruppe ist besonders von angenehmer und für die beleuchtung vortheilhafter form. Der ausdruck in der Dejanira ist zu gemein. Sie gleicht sowohl hierin als in ihrer ganzen gestalt einer flämischen bauerdirne. Der miene des centaurs fehlt es an bestimmtem ausdruck. Hingegen liest man aus jeder angeschwollenen muskel des Herkules, wie sehr er über die treulosigkeit des centaurs erzürnt sei. Aber seine gestalt ist gleichfalls von gemeiner natur und gehört einem bootsknecht. Der flufsgott und die nymphe sind bei der handlung völlig überflüfsig und, wie es scheint, blos da, um den platz zu füllen.

Nicht in allen theilen dieses gemäldes sind farbe und behandlung von gleichem werthe. Der flufsgott und die nymphe sind so kalt und hart gemalt, dafs man vermuthen mufs, dafs sie von einem der schüler des Rubens nach seiner zeichnung hinzugesetzt sind, und dafs Rubens das retuschiren vergefsen hat. Hingegen das übrige ist mit der diesem meister eigenen wärme kolorirt. So findet man auch einige partien mehr, andere weniger ausgeführt. Die landschaft ist, wie es scheint, ganz ausgemalt. Der kopf der Dejanira hingegen, so wie auch der fliegende Amor und der Nefsus sind nur skizzirt. Herkules und der körper der Dejanira sind gleichfalls nicht ganz beendigt, doch zeigen sich an diesen schon sehr schöne fleischtinten.

Hier finden nun zwei vermuthungen statt. Entweder Rubens hat das stück nicht geendigt: oder er hat den figuren nur eine verhältnifsmäfsige ausführung in rücksicht auf die landschaft geben wollen, und die ersten als staffage betrachtet. Dem sei wie ihm wolle, so bleibt dies bild immer ein sehr interefsantes kabinetsstück, das seiner unverkennbaren originalität in der landschaft und den hauptfiguren, seiner schönen erhaltung und seines angenehmen tons wegen, den beifall der kenner und nichtkenner nothwendig auf sich ziehen mufs.

Ich nutze diese gelegenheit, meine gedanken über Rubens zu sagen. *Karakter des* Rubens bleibt in jedem betracht einer der erstaunenswürdigsten menscuen, *Rubens.*

die jemahls gelebt haben. Er vereinigte in sich eigenschaften, welche selten neben einander angetroffen werden.

Er war ein feiner ausgebildeter weltmann, besafs talente für die unterhaltung, klugheit in der aufführung und geschicklichkeit zu geschäften. Er hatte viel schöpferische einbildungskraft, viel scharfsinn, viel witz, viel nahmengedächtnifs (er sprach sechs sprachen) und verband mit allen diesen vorzügen kunstfleifs und kunstfertigkeit.

Auch wenn wir Rubens blos als künstler betrachten, so ist er unsrer ganzen verehrung würdig. Wir müfsen nur, um ihn gehörig zu schätzen, den geist seines zeitalters und die ungünstigen verhältnifse, unter denen er auftrat, in anschlag bringen.

Um dies befser zu beurtheilen, werfe man einen blick auf die frühere antwerpische schule, und den zustand der malerei in den Niederlanden überhaupt.

Hier herrschte in allen theilen der malerei ein falscher von dem wesen der kunst und der natur völlig abweichender geschmack. Man erfand witzige allegorien, die niemand verstehen konnte, häufte eine menge von figuren ohne zweck, ausdruck und ordnung auf einander: zeichnete verdrehte stellungen, unbedeutende mienen, verzerrte extremitäten, und hielt fleifsiges gelecktes auspinseln mit glänzenden farben für kolorirt. Vom helldunkeln in weitläuftigen komposizionen, von jenem zusammenhalten des lichts und schattens in grofsen maisen, welche gruppen bilden, hatte man keine wahre idee. Die luft und linien-perspektiv war durchaus vernachläfsigt: die landschaft mit ihren hohen horizonten in ihrer kindheit, und überhaupt manierirte nachahmung der Italiener und besonders der Florentiner und Venezianer allgemeiner karakter der früheren Niederländischen und Deutschen schule, nachdem die Albert Dürer und Lukas von Leyden aus der mode gekommen waren.

Diesen styl wird man im Spranger, Golzius, Cornelius Cornelis, dem ältern Frank, Abraham Bloemaert, Franz Floris und besonders Oktavius van Veen, dem lehrer des Rubens, mehr oder weniger wiederfinden.

Rubens scheint die nothwendigkeit gefühlt zu haben, sich der natur mehr zu nähern. Aber der übergang von affektazion zur natur und wahr-

heit ist mit vielen gefahren umwunden. Selten macht man sich von seinen
früheren fefseln völlig frei, und sehr häufig fällt man, um recht natürlich zu
seyn, ins gemeine. Was diese gefahr für Rubens vermehrte, war der umstand, dafs grade,
wie er zu seiner ferneren ausbildung nach Italien kam, Carravaggio, um neu
zu seyn, die gemeinste natur ohne weitere wahl als diejenige war, welche der
malerische effekt an die hand gibt, nachzuahmen angefangen, und damit
glück gemacht hatte. Man kann sich denken, welchen eindruck dies auf einen jungen mann von genie machen mufste, der das konventionelle seiner
schule einsah, und sich der wahrheit und treue nähern wollte. Rubens hat
würklich eine zeitlang ganz in diesem style gearbeitet, wie seine gemälde in
Sta Croce in Gerusalemme zu Rom beweisen.

Aber Rubens war ein mann von stande, der eine gebildetere erziehung
genofsen hatte, und der daher an so niedrigen ideen, wie Carravaggio, nicht
lange kleben konnte. Er hatte auch zu viel feuer, um ein sklavischer nachahmer der natur zu bleiben. Die grundsätze seiner früheren schule hatten
ihm poetische ideen eingeflöfst, und der reichthum, der glanz und das reizende der venezianischen schule, besonders des Paolo Veronese, waren seinem genius ungleich mehr angemefsen.

Inzwischen da er sich unter ungünstigen verhältnifsen emporgearbeitet
hatte, da er den grofsen der welt gefallen mufste, welche unter dem schein
der elevazion doch gern ein wenig grob angefafst werden mogen, und da er
endlich in einem jahrhunderte lebte, worin witz und grobe sinnlichkeit an
die stelle der gesunden vernunft und des herzens getreten waren; so bildete
er sich einen styl, worin sublimität und niedrigkeit, natur und konvenzion,
blendung und wahrheit, italienischer und flämischer styl auf die sonderbarste
art, alles aber höchst zweckmäfsig zu *dem* plane vereinigt waren, würkung
auf den grofsen haufen zu machen.

Zuerst hat er also das feuer, das geistreiche der Italiener mit dem kälteren witze der Antwerper in verbindung, und mehr zweckmäfsigkeit und
verständlichkeit in die erfindung und anordnung zu bringen gesucht. Grofse
komposizionen scheinen dem grofsen haufen etwas erhabenes, und allegorische vorstellungen etwas sehr sinnreiches. Paolo Veronese und Oktavius van

Veen scheinen Rubens darin unterwiesen zu haben, aber man mufs gestehen, dafs er sie beide übertroffen hat. Denn man findet in seinen werken wenig überflüssige figuren, die nicht an der handlung theil nähmen, und niemand hat die allegorie glücklicher als er behandelt. Wenn ihn auch sein feuer und sein witz zuweilen zu abentheuerlichkeiten und spitzfindigkeiten verführt haben, so ist doch darunter kein vergleich zwischen ihm und Luca Giordeno, Pietro da Cortona und andern, welche die nemliche bahn haben betreten wollen, zu machen. Sein dichterisches feuer ist oft hinreifsend; viele seiner ideen sind würklich sublim, und zuweilen hat er sogar dem herzen — jedoch ist dies der seltenere fall — sanftere empfindungen zugeführt.

Die malerische anordnung ist vortreflich. Alles steht so, dafs es eine bequeme übersicht des ganzen befördert, und farben und beleuchtung in harmonie bringt. Auch seine gruppen sind von guter form. Die dichterische anordnung, vermöge deren man dasjenige am besten sieht, was man am liebsten zu sehen wünscht, ist ihm vielleicht weniger gut gerathen.

Seine köpfe haben karakter. Er nahm bildnifse lebender personen in seine historischen gemälde auf, um ihnen mehr leben und natur zu geben. Eben so war Paolo Veronese verfahren. Aber Rubens hatte nicht den takt, der erfordert wird, um diejenigen gesichtsbildungen auszuheben, welche, wenn sie gleich individuell sind, doch einem jeden, als generisch, erscheinen. Denn wenn man auch einem jüdischen hohenpriester den kopf eines lebenden jüdischen rabbis aufsetzen darf, so mufs doch dieser Rabbi nun auch wenigstens etwas in der physiognomie haben, was man dem hohenpriester ungefehr zutrauen würde. Dies hat Rubens nicht immer gehörig beobachtet, und wenn er dann seine modelle umschaffen und ihnen einen allgemein fühlbaren karakter hat beilegen wollen, so ist er oft unbestimmt geworden, oder hat karrikaturen daraus gemacht.

Rubens verstand den körpern, die er darstellte, den ausdruck einer bewegten seele zu geben. Inzwischen kann man ihm hier wieder zwei vorwürfe machen: einmahl, dafs er oft den ausdruck heftiger affekte übertrieben; zweitens dafs er die feineren bewegungen der seele und die sanfteren neigungen des herzens nicht glücklich geliefert hat.

Seine

Seine menschenformen sind nicht schön : Seine männer zu schwerfällig mit knochen und muskeln überladen, und seine weiber zu fleischigt. Dabei ist er nicht korrekt in der zeichnung, besonders hat er die glieder oft auf das sonderbarste in einander gefugt, und die knochen der arme und beine in solche biegungen gezwungen, welche sie gar nicht annehmen können, ohne zerschlagen zu seyn.

Man hat diese fehler gemeiniglich auf rechnung des landes gesetzt, worin der künstler gebohren war, und geglaubt, seine frühere erziehung habe den sinn für das schöne und richtige der antike ganz in ihm abgestumpft. Dafs dies nicht etwas dazu beigetragen habe, läfst sich gar nicht leugnen. Aber dafs Rubens gegen die schönheit der antike und gegen richtigkeit der zeichnung ganz unempfindlich gewesen sei, ist eben so wenig zu behaupten. Man weifs, dafs er von antiken kunstwerken eine ansehnliche sammlung zusammengebracht und sogar einiges zum lobe derselben geschrieben hat. Mehrere seiner figuren sind auch richtig gezeichnet. Das wahre verhältnifs der sache scheint mir in folgendem zu liegen.

Rubens war ein weltkluger mann. Er arbeitete für geld und ehre von seinen zeitgenofsen. Die ansehnlichen politischen geschäfte, die er ausgeführt, die wichtigen ämter, die er bekleidet, der umgang mit den gro'sen, den er genofsen, der aufwand in seinem hause, den er gemacht hat, müfsen dies beweisen. Einem alchymisten, der ihn das geheimnifs gold zu machen lehren wollte, antwortete er: er habe es vor zwanzig jahren in seinen pinseln und farben gefunden.

Mit solchen zwecken arbeitete er für ein höchst sinnliches und zu feineren gefühlen von wahrheit und schönheit wenig gebildetes jahrhundert. Menschen dieser art haben weit weniger sinn für die schönheit der gestalt, wie sie der bildhauer wählt, als für muskulöse körper oder fleischlichte formen, die grofse mafsen von licht und schatten aufnehmen, eine gröfsere abwechselung von farben darbieten, und entweder durch den ausdruck der stärke imponiren, oder die sinnlichkeit reizen. Diese erfahrung ist so wahr und so wenig blos für die Niederlande lokal, dafs wir nach ihrer anleitung beinahe durchgehends eine ähnliche verfahrungsart antreffen, wo der luxus die menschen für den sinn der feineren schönheit verdorben hat.

F

Bernini, der zur nehmlichen zeit in Rom arbeitete und anfangs der antike gefolgt war, verliefs sie sogar in der bildhauerei und bildete fleischigte figuren, wobei er recht viel morbi dezza di carne, weichheit des fleisches, oder ein starkes muskelnspiel anbringen konnte. Dies war der grund, warum nun auch Rubens seine formen so wenig wohlgefällig für unser auge wählte. Er wollte seinen zeitgenofsen recht natürlich und recht malerisch erscheinen. Es sollte recht wahres fleisch, es sollten recht fühlbare muskeln seyn, die er seinen beschauern vors auge setzen wollte. Er hat diesen grundsatz so treu beobachtet, dafs er selbst bei seinen zeichnungen nach antiken statuen und geschnittenen steinen das fleischigte und muskulöse für einen wesentlichen zusatz gehalten hat, um wahrheit und leben desto fühlbarer zu machen.

Die unrichtigkeit seiner zeichnung ist gröfstentheils der eilfertigkeit zuzuschreiben, mit der er gearbeitet hat. Die sonderbaren junkturen der glieder kleben ihm noch aus der früheren antwerpischen schule an. Dafs er inzwischen auch in diesem theile der kunst seine landesleute auf die natur zurückzuführen bemüht gewesen sei, beweist die vergleichung seiner figuren mit den verzerrten karrikaturen der Golzius, Franken, Spranger, Oktavius van Veen u. s. w.

Dasjenige, was uns an Rubens immer höchst schätzbar seyn mufs, ist dies, dafs er bei der hauptabsicht, die er hatte, zu blenden, sich dennoch weniger von der wahrheit und natur entfernt hat, als so viele andere maler, welche eben diese absicht hatten.

Inzwischen blendwerk bleibt seine malerei immer, und selbst sein hochgepriesenes kolorit ist im grunde nur schminke. Seine lichter sind zu zinnoberroth und zu gelb, seine halbschatten zu blau, seine ganzen schatten zu braun und seine reflexe zu gelbroth, um so ungemischt, wie sie da stehen, wahr zu seyn. Sein fleisch spielt wie ein atlas und brennt wie bei personen, die höchst erhitzt sind. Aber das was ihn auch hier über alle diejenigen maler setzt, welche durch bunte farben zu gefallen gesucht haben, ist dies, dafs er würklich bezaubert: dafs der glanz seines kolorits mit stärke und harmonie verbunden ist. Dabei haben seine tinten etwas unbeschreiblich saftiges, durchsichtiges und frisches an sich. Dies ist der probierstein des pinsels unsers meisters. Seine farben sehen aus, als wenn sie eben nafs auf das tuch gegofsen wären. Diesen vorzug hat er zum theil den schönen dauerhaften farben zu verdanken, welche damals aus Ostindien kamen, oder deren verfertigung man befser verstand, und fleifsiger besorgte. Noch mehr aber liegt der grund in seiner vortreflichen behandlung. Er hatte durch eine lange erfahrung so viel sicherheit in seinen grundsätzen und in seiner hand bekommen, dafs er die farben wenig oder gar nicht vertrieb, sondern sie aufs tuch gesetzt rein stehen liefs. Ueberhaupt haben wohl wenig maler so sehr die kunst verstanden, aus jedem zufall bei der arbeit vortheil zu ziehen, um den gewünschten effekt hervorzubringen. In seinen gröfseren gemälden hat er den grund oft rein stehen lafsen, und nur mit schatten und licht erhöht: demohngeachtet sicht alles aus, als wenn es kräftig impastirt wäre.

Die aufserordentliche leichtigkeit und geschwindigkeit, mit der er arbeitete, giebt dann auch seinen gröfsten komposizionen das ansehen, als wenn sie nicht gemalt, sondern mit einem mahle auf die fläche gezaubert wären.

Im helldunkeln kann er zum muster dienen, besonders in gröfseren komposizionen: niemand hat zu diesem zwecke seine figuren befser zu distribuiren gewufst. Er folgte darunter den regeln, welche die beleuchtung der weintraube darbietet, deren vorstehende beeren eine mafse von licht, hingegen die zurücktretenden eine mafse von schatten bilden, und daher im ganzen ohne zerstreuung auf einmahl übersehen, einzeln ohne unordnung von einander unterschieden werden können.

Mehrere gegenstände, die auf eine ähnliche art durch die beleuchtung zu einem ganzen vereinigt werden, nennt man eine gruppe. Rubens pflegte selten mehr als drei solcher gruppen in einem gemälde anzubringen, und auch diese hingen zur bequemen übersicht zusammen.

Seine drapperien können nicht zum muster im faltenschlage dienen aber zur würkung durch das spiel der farben und der beleuchtung sind sie zweckmäfsig und wahr. Er malte so wie Paolo Veronese, gern reiche und schwere stoffe und decken.

Rubens war in allen arten der malerei zu hause, und in denjenigen, worin er sich nicht auszeichnete, hat er wenigstens originalität gezeigt, und schüler angezogen, die sich ausgezeichnet haben. Ich kenne bildnifse von ihm, die den schönsten von Vandyk an die seite zu setzen sind. In vielen aber hat er zu sehr das konvenzionelle kolorit seiner historischen gemälde beibehalten. Um die landschaft hat er grofse verdienste. Er hat zuerst die mittleren horizonte in seiner schule eingeführt, und ich halte ihn für den erfinder der luftperspektive. Inzwischen ist diese noch in ihrer kindheit. Er malte gemeiniglich gärten und platte gegenden, die er aber durch die würkung des helldunkeln, durch den zufall des lichts und durch die staffage sehr pickant zu machen wufste. Sehr oft stellte er gesellschaften darin vor, und ein eigener geist von spanischer urbanität und eleganz, vermischt mit niederländischer ausgelafsenheit *(grofse joie)* zeichnet sie aus. Die form der bäume ist weder edel noch reizend. Die blätter malte er so wie Tizian sehr grofs, aber im ganzen verstand er die behandlung der landschaft lange nicht so gut wie dieser meister. Rubens war 1577. gebohren, und starb 1640.

36) *Bildnifs von Vandyk.*

(hoch 4 fufs, breit 3 fufs 2½ zoll.)

Es ist ein kniestück mit zwei händen, und stellt einen mann im schwarzen mantel vor. In der einen hand hält er den hut, in der andern die handschuh. Er steht am eingange einer offenen galerie, von der man in einen lustwald herabsieht. Der kopf ist voller ausdruck und dabei von angenehmen zügen: die stellung edel und natürlich. Die behandlung zeigt eine äuserst fertige hand. Die tinten sind mit einer aufserordentlichen keckheit neben einander hingestellt, und wie es scheint, nafs in einander gemalt. Die farbe ist stark impastirt. Der ton fällt ins braune. Vielleicht sind die schatten nicht durchsichtig genug. Die haare sind locker, und die hände vortreflich.

Das bild verdient allerdings von Vandyk zu seyn, denn es ist schön: In einem solchen falle mufs man nicht zu ängstlich untersuchen, ob die angabe eines berühmten meisters richtig sei oder nicht. Gesetzt dies bild wäre von Jakob Backer und nicht von Vandyk, so hätte sich wenigstens der letztere dieses werks nicht zu schämen gebraucht. Und man kann es in diesem falle dem besitzer einer gemäldesammlung gar nicht übel nehmen, wenn er seinen stücken lieber einen sehr berühmten, als minder berühmten meister beilegt.

Ich kann hier nicht umhin, einige bemerkungen über die bildnifsmaler *Einige bemer-*
überhaupt und besonders über die bildnifse des Vandyks einzuschalten. *kungen über*
bildnijse über-
Es ist sehr schwer, in bildnifsen den wahren meister in allen fällen mit *haupt und be-*
gewifsheit anzugeben. In historischen gemälden herrscht immer eine kon- *sonders über die*
venzionellere darstellungsart als in jenen, und der meister verräth sich eher *Vandyks.*
in weitläuftigen komposizionen, als in eingeschränkten. Da sich kein historisches gemälde ganz nach der natur kopiren läfst, da die einbildungskraft einen so wichtigen antheil an den produkzionen dieser art nimmt, da um der harmonie der farben und des helldunkeln, ja! um der würkung des ganzen willen nothwendig etwas von der strengen wahrheit aufgeopfert werden mufs; so ist die art, wie ein jeder künstler darunter verfährt, viel leichter zu erkennen. Bildnifse sind treue abbildungen der natur: Von dieser erscheinen gewifse hauptzüge beinahe einem jeden auf gleiche art: daher sind auch viele meister, wenn sie getreu nachgeahmt haben, auf dieselbe darstellungsart gestofsen. Tizian, Raphael, Rubens, Rembrandt und Vandyk, und sogar viele minder bekannte meister haben sich bei einer sorgsamen nachahmung in ihren bildnifsen einander so sehr genähert, dafs selbst geübte augen gefahr laufen, sie mit einander zu verwechseln. Zum beweise mögen die bildnifse im pallast Borghese dienen, deren ich in meinem werke über die malerei in Rom (I. th. seite 281 und 289.) erwähnt habe.

Hingegen sind eben diese meister von sich selbst in ihren historischen gemälden und in ihren bildnifsen zuweilen sehr verschieden. Ja! selbst in diesen bildnifsen sind sie sehr von sich selbst verschieden. Denn wenn gleich gewifse hauptzüge von wahrheit und natur in jedem kopfe wieder angetroffen und daher von jedem, der getreu nachzuahmen versteht, wiedergeliefert werden: so erhalten doch diese in jedem kopfe auch wieder besondere modifikazionen, durch die individualität von karakter, form, farbe und beleuchtung. Nur der pfuscher gibt jedem bildnifse denselben ausdruck, zwängt die umrifse in seinen ihm angewöhnten schwung, und malt ohne rücksicht auf alter, geschlecht und überhaupt auf dasjenige, was die individualität eines jeden fordert, alles aus einem tone, und in einem lichte. Daher die ausserordentliche verschiedenheit der bildnifse eines meisters von einander.

Es ist mir höchst interefsant gewesen, in galerien, wo mehrere köpfe von Vandyk hingen, diese herabnehmen und bei einander stellen zu lafsen. Beinahe kein einziger war so wie der andere gemalt.

Hier sind jedoch die hauptkennzeichen eines bildnifses von Vandyk.

Schön gewählte stellungen ohne alle affektazion: ausdruck einer heitern seele ohne gezwungene freundlichkeit, oft sogar einer ernsteren stimmung wie wohl ohne grämelei und langeweile. Allemahl sind seine köpfe mit leben und individualität gestempelt; man sieht ihnen an, dafs sie den originalen ähnlich gesehen haben müfsen. Die zeichnung der umrifse ist richtig, aber nicht bestimmt. Er vertrieb sie und sie haben nicht das scharfschneidende, was man in den köpfen Raphaels, besonders in den formen der augen und des mundes findet. Seine hände sind von schöner wahl und form. Sie sind alle idealisch, und hierin sowohl als in der wahl der stellungen und der drapperien kam ihm seine geschicklichkeit als geschichtsmaler sehr zu statten. Ueberhaupt kann man den einflufs seiner schöpferischen bildungskraft auf sein nachahmungstalent nicht verkennen. Lange zeit hindurch hat er jene auf eine bescheidene art und zwar dazu genutzt, das schöne in seinen vorbildern hervorzuheben, ohne der individualität zu nahe zu treten. Aber in der folge hat er sich zu einer gewifsen manier verführen lafsen, die alsdann den künstler gern beschleicht, wenn er sich durch eine lange erfahrung grundsätze über das allgemein gefällige gemacht hat, und diese zu unbedingt und unvorsichtig anwendet. Es ist nichts gewöhnlicher, als dafs portraitmaler, besonders solche, die viel zu thun haben, ihre sorglose eilfertigkeit unter gewifsen allgemein geltenden reizen zu verstecken suchen, die gleichsam die rolle der fürsprecher für sie beim publiko übernehmen müfsen.

Im kolorit war Vandyk ein reformirter oder verbefserter Rubens. Die grundsätze seines meisters hat er beibehalten, er hat sie nur gemildert und die spuren mehr versteckt. Er war nicht so blendend, und nicht so verwegen in der behandlung der farben und des pinsels. Seine halbtinten fallen mehr ins perlgraue, die ganzen schatten mehr ins dunkelviolette, und das licht mehr ins rosenfarbene. Er vertrieb auch seine tinten mehr als Rubens, ohne jedoch ihrer frischheit und durchsichtigkeit zu schaden.

Haare, augenbraunen, gewänder hat kein bildnifsmaler schöner als Vandyk behandelt. Er entfernte sich nicht von den gewöhnlichen trachten seiner zeit. Man mufs aber auch gestehen, dafs diese viel vortheilhafter für die kunst waren, als unsre heutigen.
Anton Vandyk war 1599 gebohren, und starb 1641.

37) *Eine wachtstube mit soldaten, von Cornelius van Kyk.*
(hoch 2 fufs 3¾ zoll, breit 2 fufs 3⅞ zoll.)

An der richtigen angabe des meisters ist nicht zu zweifeln. Ich habe ein anderes bei dem oberjägermeister von Siersdorf in Braunschweig gesehen, das mit diesem hier die auffallendste ähnlichkeit in der manier hat, und worauf des künstlers nahme steht. Er ist sonst wenig bekannt, verdiente es aber mehr zu seyn.

Unser gegenwärtiges bild stellt einen reuteroffizier vor, der auf dem vorgrunde nachläfsig in einem lehnsefsel sitzt, während im hintergrunde einige gemeine reuter in karten spielen. Die figuren haben alle wahrheit; die vordere scheint ein portrait zu seyn. Der effekt des helldunkeln ist sehr pickant: die farbe kräftig, aber ein wenig dunkel. Die nebenwerke sind mit geist behandelt.

38) *Eine wachtstube mit soldaten, von demselben meister.*
(hoch 1 fufs 11 zoll, breit 2 fufs 3¾ zoll.)

Hier steht ein soldat mit dem gewehre auf der schulter auf dem vorgrunde. Im hintergrunde sieht man noch einige andere.

39) *Der reiche mann und der arme Lazarus in einem saale von Gothischer bauart: architektur von van Bafsen, figuren von Frank.*
(hoch 1 fufs 9¾ zoll, breit 2 fufs 9 zoll.)

Perspektiven von van Bafsen sind gar nichts seltenes: inzwischen so schöne, wie diese hier, kenne ich von diesem meister nicht. Man glaubt in eine tiefe hinein und aus einem zimmer ins andere gehen zu können.

40) *Der prophet Elias, den ein engel weckt, von Goward Flink.*
(hoch 2 fufs, breit 1 fufs 9 zoll.)

Ueber dem kamine.

41) *Bildniss des besitzers, freiherrn von Brabek, von Graf.* Kniestück.
(hoch 4 fufs 7 zoll, breit 3 fufs 4 zoll.)

Der herr von Brabek ist in der stellung abgebildet, worin er ein gemälde, welches er vor sich auf dem knie hält, mit dem ihm so eigenthümlichen enthusiasmus des kunstliebhabers anblickt. Der kopf erhält durch diese wendung eine richtung in die höhe und wird beinahe im profil gesehen.

Ich habe es mir zum unverbrüchlichen gesetz gemacht, über kein werk eines lebenden meisters meine meinung zu sagen; sie mag seinem verdienste günstig oder ungünstig seyn. Ein liebhaber setzt sich dabei immer der gefahr aus, entweder den meister selbst, oder seine neider unter den übrigen künstlern zu beleidigen. Man sucht alsdann besonders den vorwurf geltend zu machen, dafs nur künstler über künstler urtheilen könnten. Inzwischen weifs man schon, was der nahme Graf zu erwarten berechtigt, und der besitzer dieser sammlung hat mich versichert, dafs dies bildnifs bei der ausstellung in Dresden einstimmig für des malers meisterstück erkannt sei.

Schöne land-
schaft von Hein-
rich Roos.

42) *Landschaft von Heinrich Roos.*
(hoch 2 fufs ½ zoll, breit 2 fufs 7 zoll.)

Auf dem bilde steht des meisters nahme und die jahrszahl 1660. aber die farbe ist so frisch, als ob es heute von der staffelei gekommen wäre. Die hauptgruppe stellt hirten mit vieh vor. Einer der ersten, in dem man des künstlers eigenes bildnifs erkennen will, sitzt auf dem stamme eines umgefallenen baums, und spielt auf der sackpfeife: sein knabe neben ihm sitzt und tändelt mit dem hunde. Diese beiden figuren gruppiren mit einem dabei stehenden braun und weifs geflecktem stiere und ein paar ruhenden schaafen. Sie nehmen ungefehr die mitte des bildes ein. Ein wenig vorwärts auf der linken seite des vorgrundes ein trupp schaafe und ziegen, die neben einander ruhen, und die köpfe auf einander stützen. Rechter seits jenseits der hirten sieht man wieder einige ruhende schaafe, und eine stehende kuh. Ganz auf dem vorgrunde sind ruinen eines alten gebäudes im griechischen geschmack befindlich: der sturz einer säule, ein basrelief, der eingang eines souterrains, auf der einige waldblumen in die höhe sprofsen: das alles auf einer dürren wei-

weide, am fuſse eines felsens, der sich nach und nach in die höhe hebt. Auf dem ersten absatze deſselben erblickt man die ruinen eines Gothischen schlosses: dann folgt die steile felswand, die nur hin und wieder mit gesträuchen bewachsen ist. Die ganze höhe des felsens erreicht das auge nicht, aber jenseits deſselben fällt der blick auf einen berg, deſsen dunstiges blau bereits die weite entfernung andeutet, da die zwischen liegenden gegenstände von dem vortretenden felsen bedeckt werden. An dem fuſse des berges nimmt man eine stadt wahr, die am ufer eines sees liegt, in den die trümmer einer brücke, welche halb abgebrochen ist, tief hineingehen. Dieser see, von bergen umgeben, füllt den übrigen hintergrund des gemäldes. Der horizont wird von der untergehenden sonne vergoldet. Ich sage, von der untergehenden sonne, weil die ruhe des viehes und die langen schatten zur seite, schliessen laſsen, daſs hier eine abendszene vorgestellt sei.

Die komposizion ist so dichterisch als möglich. Eine wahre idylle. Das vieh ist sehr schön gewählt und mit groſser wahrheit dargestellt. Der reizenden gruppe des knabens, der mit dem hunde spielt, hat schon der verfaſser des sendschreibens im Deutschen museo vom May 1780. erwähnt, und ich unterschreibe gern sein urtheil, daſs sie eben so gut gedacht, als ausgeführt sei. Im helldunkeln herrscht ein groſses verständnifs. Der ton ist klar und dennoch rundet sich alles, weicht zurück und tritt vor, wie es nähe und entfernung verlangt. Die streifschatten des felsens hat der maler sehr gut genutzt, um dadurch dem auge einige ruhe zu verschaffen. Die farben sind kräftig impastirt, und dabei so ineinander verschmolzen, daſs das ganze bild einem emailleguſs gleicht.

Bei allen diesen vorzügen kann es nicht fehlen, daſs dies gemälde ausserordentlich anziehe. Inzwischen darf man keine strenge wahrheit suchen. Der erdgrund ist zu braun, die felsen sind zu grün, das gesträuch ist unbestimmt gezeichnet, und das blendende der farben im vorgrunde sticht vielleicht ein wenig hart von den zu lillafarbigen fernen ab. Aber die schönheit des ganzen läſst dem auge nicht die freiheit, diese einzelnen fehler zu untersuchen. Es ist ein zauber, der uns wider unsern willen hinreiſst, und beinahe die strenge wahrheit verleidet.

Styl des Heinrich Roos.

Heinrich Roos gehört zu den grofsen landschaftsmalern der Niederländischen schule. Er ward 1631. zu Otterndorf in der untern Pfalz gebohren, und starb zu Frankfurt am Mayn 1685. Man merkt ihm die bekanntschaft mit der Italienischen schule an. Seine hauptkennzeichen sind: vordergründe, die er mit ruinen von griechischer bauart schmückte: thiere, die er vortreflich wählte und sehr richtig zeichnete. Er brachte vorzüglich gern weifse stiere in seinen gemälden an. Sie sind von grofsem karakter und natürlichen, aber doch schweren stellungen. Sein baumschlag ist nicht vorzüglich: er pflegte daher auch seine landschaften nur mit wenigen und dazu lichten bäumen auszustaffiren. Die fernen malt er dunstig, lillafarbig, und von dem vorgrunde sehr abstechend. Der ton des ganzen ist hell und klar. Er nutzte besonders gern die langen seitenschatten, welche die gegenstände morgens und abends von sich werfen, um dadurch die gehörige abwechselung heller und dunkler partien in seine gemälde zu bringen. Seine farben trug er kräftig auf, und wufste sie schön ineinander zu verschmelzen. In der harmonie der farben ist er sich nicht immer gleich. Ich habe stücke von ihm gesehen, die etwas bunt waren, in andern hat er mehr ernst beobachtet. Seine menschlichen figuren sind nicht so richtig, als seine thiere gezeichnet, aber allemahl mit geist behandelt. Ich kenne auch historiirte landschaften von diesem meister, besonders aus der biblischen geschichte.

43) *Mondschein von Pynacker.*
(hoch 1 fufs 10¾ zoll, breit 1 fufs 8 zoll.)
Sehr schön gedacht und mit äuserstem fleifse ausgeführt. Inzwischen ist die würkung des mondes unwahr. Die landschaft ist zu sehr erhellet.
Ich bezweifle die richtige angabe des meisters.

Schlacht von Bourguignone.

44) *Eine schlacht von Bourguignone.*
(hoch 3 fufs ⅞ zoll, breit 4 fufs 3 zoll.)
Dies stück gehört unter die merkwürdigsten von diesem meister, theils wegen des feuers das in der komposizion herrscht, theils wegen seiner gröfse und seines hellen silberfarbigen tons.
In einer grofsen ebene, die aber an einer seite von bergen begränzt wird, geht ein gefecht von kavallerie vor. Auf dem vordergrunde sieht man

ein paar gruppen scharmuzirender reuter. Einer liegt schon todt zur erde gestreckt: ein anderer wird niedergeschofsen, ein dritter holt mit dem säbel aus, ein vierter sprengt mit der standarte herbei; kurz! man findet hier alle diejenigen gegenstände und handlungen wie der, welche eine solche begebenheit herbeiführt. In einiger entfernung erblickt man das gewühl dichterer haufen im streit, und endlich im hintergrunde eine unabsehliche fläche, längst den bergen hinaus, angefüllt mit dörfern, städten, landhäusern, zwischen denen hie und da einzelne reuter gegen einander anflankiren.

Das feuer, womit dieser gedanke ausgeführt ist, ergreift die seele des zuschauers auf den ersten blick, und zieht ihn gleichsam in die szene des gemäldes mit hinein. Alles ist leben in diesem bilde, das mehr hingezaubert als gemalt zu seyn scheint. Denn ungeachtet der dreistigkeit des pinsels, die bis zur impertinenz geht, ist die würkung jedes seiner striche berechnet. Die landschaft besonders ist im geiste des Salvator Rosa gedacht, und in einem hellern angenehmeren tone, als man ihn bei diesem meister antrift, ausgeführt. Die fernen, der rauch, der hin und wieder aufsteigt, sind ihm wie immer, auch hier vortreflich gerathen.

Ich habe diesem bilde um so lieber das ihm gebührende lob ertheilen wollen, da es durch eine analyse, welche vor einigen jahren von einer guten hand herausgekommen ist, bekannt geworden, und überdem ein lieblingsstück des besitzers dieser sammlung ist. Inzwischen kann ich doch nicht unbemerkt lafsen, dafs so interefsant der effekt des ganzen ist, das detail der figuren keine genaue prüfung aushalte. Die formen der pferde sind sehr schlecht gewählt. Die zeichnung ist inkorrekt: die mienen der reuter haben keinen bestimmten ausdruck, und der gruppe auf dem vorgrunde fehlt es der vielen hellen partien wegen, welche die weifsen pferde, der bläuliche dampf der abgeschofsenen pistole und die stählernen kürafse bilden, an der gehörigen rundung. Auch sind die nächsten berge im hintergrunde zu blau gehalten, wodurch die luftperspektive unterbrochen wird.

Dies bild hing ehemals in der herzoglichen galerie zu Salzdahlen. Der herzog von Braunschweig hat es dem gegenwärtigen besitzer geschenkt.

45) *Bildnifs des Lingelbach, ganze figur mit bei werken, von ihm selbst gemalt.*

(hoch 1 fufs 1¾ zoll, breit 9¼ zoll.)

Ein sehr seltenes und äuserst anziehendes stück. Der künstler sitzt vor einem offeuen fenster, durch welches das sonnenlicht hereinfällt, und wiegt sich auf einem stuhle, indem er auf der violine phantasiert. Ein theil seines zimmers mit meublen ist zu gleicher zeit mit vorgestellt. Die stellung ist malerisch, ungezwungen, ausdrucksvoll: der effekt des lichts sehr pickant, die färbung und das helldunkle sind harmonisch, die beiwerke meisterhaft behandelt. Alles gewöhnliche vorzüge der Niederländer, die über den mangel strenger wahrheit verblenden. Die umrifse besonders an den feineren theilen des gesichts sind unbestimmt und die karnazion fällt in den schatten ius braunrothe.

46) *Johannes der täufer als kind liebkoset ein schaaf, von Domenichino.*

(hoch 11 zoll, breit 9¾ zoll.)

Dies lieblich gedachte bild scheint aus des meisters erster zeit zu seyn. Der knabe schmiegt sich an ein schaaf, bei dem er sich auf die erde gelagert hat. Das schaaf scheint seine liebkosungen zu verstehen. Der reiz der gruppe, der naive ausdruck und eine gewifse eigenthümliche gesichtsbildung in dem knaben zeugen für den meister, der im pallast Farnese das liebliche mädchen, das ein einhorn liebkoset, gemahlt hat. Die färbung hat viel vom Albano, sie hat aber gelitten, und dadurch sind einige mitteltinten verschwunden. In der zeichnung trift man inkorrekzionen an, welche aber dem Domenichino vorzüglich in der früheren zeit nicht ungewöhnlich waren.

47) *Ein heiliger Johannes auf wolken sitzend schreibt in einem buche, neben ihm zwei engel in einer glorie, von Trevisani.*

(hoch 11 zoll, breit 10¼ zoll.)

48) *Eine landshaft mit einem wafserfall. Styl des Ruysduels.*

(hoch 11¾ zoll, breit 9 zoll.)

Artig gedacht.

49) *Ein alter mann mit der brille, der eine feder schneidet, von Gerhard Dow.*
(hoch 9¾ zoll, breit 9 zoll.)

Die besorgte ausführung, die richtigkeit der zeichnung und die wahrheit des ausdrucks sprechen für die richtige angabe des meisters. Die aufmerksamkeit, mit der der greis seine feder schneidet, ist mit äuserster treue dargestellet. Inzwischen ist die behandlung etwas trocken und die umrifse, besonders die einschnitte der falten auf der stirn dürften zu hart angegeben seyn. Die farbe, die in der karnazion stark ins braunrothe fällt, ist zu monoton. Ich vermuthe, dafs das bild heim reinigen etwas gelitten hat, und dafs dadurch einige feinere halbtinten verlohren gegangen sind. Die beiwerke sind sehr fleifsig behandelt.

50) *Bierschenke von Adrian Brauer.*
(hoch 9 zoll, breit 7¾ zoll.)

Bemerkung über die holländischen bierschenkenmaler.

Es soll ein hauptstück von diesem meister seyn, besonders wegen des ungewöhnlichen fleifses in der ausführung. Die köpfe haben karakter.

Ich gestehe sonst, dafs ich den stücken dieses meisters, so wie denen vieler anderer bierschenkenmaler keinen geschmack abgewinnen kann. Nicht sowohl deswegen, weil sie ihre gegenstände so niedrig gewählt haben, als vielmehr, weil ihr witz oft so platt und unbedeutend ist. Es sind mehrestentheils fleifsig ausgemalte fratzen, denen der humor und die bedeutung fehlt, welche die leicht hingeworfene karrikatur anziehend macht.

51) *Die sieben werke der barmherzigkeit, von Teniers.*
(hoch 2 fufs 2½ zoll, breit 2 fufs 10 zoll.)

Ein schätzbares bild in seiner art. Der könig von Frankreich hat ein ähnliches, das aber dem kupfer nach in einigen figuren von diesem hier abweicht.

52) *Ein findelhaus, von Paris Bordone.*
(hoch 2 fufs 2⅓ zoll, breit 3 fufs.)

Ein gemälde von Paris Bordone.

Ich weifs mir diese sonderbare komposizion nicht anders zu erklären, als dafs sie das innere einer öffentlichen anstalt vorstelle, worin findelkinder erzogen werden. Man sieht eine menge weiblicher figuren, von denen einige beschäftiget sind, kinder zu säugen, andere sie zu waschen, wieder andere leinenzeug zu reinigen, und an einem kaminfeuer zu trocknen. Zwischen diesen herum einige nackende kinder, die theils mit thieren spielen, theils efsen, u. s. w.

Unerklärbar bleibt freilich dabei, dafs das kind, welches gewaschen wird, die finger zum seegnen aufhebt, dafs ein anderes an der badewanne kniet, dafs im hintergrunde eine frau im bette liegt, und dafs ein paar kinder, die ihrem anzuge nach von hohem stande zu seyn scheinen, zwischen unbekleideten kindern herumgehen. Inzwischen glaube ich doch, dafs das ganze eine öffentliche anstalt sei, und darin bestärkt mich auch die reiche architektur des saales, worin die szene vorgeht. Die figuren sind theils einzeln, theils in kleinen gruppen auf dem bilde herum vertheilt, ohne dafs jedoch unordnung daraus entstände. Man findet einzelne allerliebste kindergruppen darunter. Diese besonders haben viel vom Tizian in formen und färbung. Nur ist die letzte minder kräftig. Die schatten fallen ins graue. Der ton des ganzen ist sehr hell und klar, und trägt zu dem reize dieses angenehmen gemäldes viel bei.

Schöne skizze von Rubens. 53) *Streit über das heilige abendmahl, ausgeführte skizze grau in grau, von Rubens.*

(hoch 1 fufs 10½ zoll, breit 1 fufs 5 zoll.)

Ein kleinod für den kenner! die köpfe sind voller karakter, die gewänder wahre stoffe, alle figuren in handlung, schön gruppirt, schön beleuchtet!

54) *Venus und Mars, von Thomas Willeboors.*

(hoch 2 fufs 1 zoll, breit 2 fufs 6½ zoll.)

Es scheint ein historiirtes bildnifs zu seyn. Venus bewafnet den helden, der hier unter der figur des Mars vorgestellet wird, in der werkstatt des Vulkans. Dieser sitzt mit seinen Cyklopen in der einen ecke und schmiedet noch an einigen waffenstücken, während dafs Amor andere seiner mutter zuschleppt. Rechts sieht man eine öfnung aufs feld, und da ragt eine kanone hervor: ein kleiner anachronismus!

Die köpfe der Venus und des Mars sind eben nicht lieblich. Dafür ist der kopf des Amors desto schöner. Die extremitäten sind an allen figuren zu lang und verzeichnet. Farbe und komposizion haben viel von des künstlers lehrer, dem Vandyk. Inzwischen fällt der ton zu sehr ins violette. Ungeachtet das bild nicht fehlerfrei ist, so hat es doch viel anziehendes.

55) *Ruhe auf der flucht nach Egypten, von einem der Bafsano.*

(hoch 2 fufs ⅜ zoll, breit 1 fufs 10 zoll.)

Nach der angabe des besitzers von Giacomo Bafsano. Mir scheint es des grauen tons wegen eher von einem seiner söhne zu seyn, wenn es nicht gar ein Pasticcio von einem Niederländer ist. Das bild hat einen gut harmonirenden ton, aber nicht den markigen farbenauftrag, der dem alten Bafsano eigen ist.

56) *Brand von Albert Poel.*

(hoch 1 fufs 10 zoll, breit 2 fufs 4¼ zoll.)

Brand von Albert Poel.

Ein hauptstück in dieser sammlung, das besonders wegen der pickanten und wahren würkung der dargestellten feuersbrunst kenner und nichtkenner interefsiren wird.

Im hintergrunde des gemäldes auf der rechten seite sieht man eine festung, die in brand geschofsen ist. Eine wolke von flammen und dampf steigt zum himmel empor, erhellet die vordere gegend, und färbt den mond mit blut. Fürchterlich sticht diese lichtmafse von dem übrigen schwarzen horizonte ab. Aber da, wo ihr schein die gegend erleuchtet, sieht man zunächst unter den mauern der festung dichte haufen von streitern, und dann auf dem vorgrunde ansprengende kavallerie, geplünderte Marketenterwagen, zerstreuetes vieh und weggetriebene gefangene. Diese komposizion ist voller geist, leben und ausdruck. Man bemerke den wild gewordenen ochsen auf dem vorgrunde, und die zerrüttung des marketenterwagens, auf defsen gipfel die aufgescheuchte gans gattert.

Inzwischen besteht das hauptverdienst dieses bildes in der vortreflichen beleuchtung und der meisterhaften behandlung. Wie geschickt hat der meister das licht aufzusparen und zu vertheilen gewufst! Wie sind die gegenstände alle so leicht erkennbar, ohne in ihren umrifsen das unbestimmte zu verlieren, welches gegenstände, die bei nacht von einem entfernten feuer erleuchtet werden, eigen ist. Es ist unbegreiflich, wie der meister mit so wenigen so viel hat ausrichten können. In der nähe sieht man ein unbedeutendes gekritzel, in einiger entfernung werden die ausdruckvollesten figuren daraus.

57) *Eine betende Madonna, von Safso Ferrata.*

(hoch 2 fufs, breit 1 fufs 6$\frac{3}{4}$ zoll.)

Liebliche physiognomie. Die hände sind verzeichnet. Man kennt übrigens den styl dieses meisters: gypsfarbe, (*couleur de plasre*) harte umrifse, wenig bedeutender ausdruck.

58) *Bildnifs einer dame.*

(hoch 2 fufs 4 zoll, breit 1 fufs 11 zoll.)

Der angabe des besitzers nach, die sich auf tradizion gründet, bildnifs einer Römischen prinzefsin, von Carlo Maratta gemalt. Ich zweifle, bin jedoch nicht im stande, den meister anzugeben. Der kopf ist übrigens lieblich, die tracht aus dem vorigen jahrhundert. Die beiwerke sind keck behandelt: der hals dürfte verzeichnet seyn.

59) *Kopf eines kindes, von Mengs.*

(hoch 11$\frac{3}{4}$ zoll, breit 10 zoll.)

Dieser kopf ist erst angelegt, aber schon in seiner anlage hat er natur, lieblichkeit und einen Korreggianischen ton von farbe.

60) *Bildnifs eines mannes, von Nikolaus Maas.*

(hoch 2 fufs 2$\frac{1}{2}$ zoll, breit 1 fufs 10 zoll.)

Es ist ein kniestück mit zwei händen. Der kopf hat viel karakter. Die zeichnung ist brav, besonders an den händen. Der ton der farbe fällt ins dunkelviolette. Locken und gewand sind gut geworfen, in grofsen massen zusammengehalten und keck behandelt. Die kleinigkeiten im gesicht, z. e. augenbraunen, augenlieder u. s. w. sind geistvoll tockirt.

Ich

Ich hielt das stück anfangs nicht für die arbeit des Nikolaus Maas, weil es in der behandlung der stoffe und der beiwerke viel von Netscher und Kneller hat. Allein für diese beiden ist es zu warm von farbe und zu dreist gemalt. Es ist ein sehr schönes bildnifs.

61) *Die findung Moses von Teniers, in der manier des Paolo Veronese gemalt.*

(hoch 1 fufs 10 zoll, breit 1 fufs 5 zoll.)

Man findet in allen kunstbüchern, dafs der jüngere David Teniers ein wahrer Proteus in der kunst gewesen sei, dafs er sich in alle manieren anderer künstler habe verwandeln können, und dafs man täglich damit betrogen werde. Es ist allemahl interefsant, ein solches gemäl le zu besitzen, womit man die probe anstellen kann. Ich für meinen theil glaube, dafs wer die grofsen meister gründlich kennt, nicht leicht mit diesen nachäffungen wird betrogen werden.

62) *Landschaft von Rysbraeck oder Rysbrechts.*

(hoch 2 fufs, breit 1 fufs 8½ zoll.)

Aussicht in einen Wald. Der baumschlag ist natürlich, und das einfallende licht zwischen die bäume durch sehr pikant. Zwei eichen auf dem vorgrunde ziehen das auge besonders an. Der ton fällt zu sehr ins grüne und das blätterwerk scheint mir zu wolligt.

63) *Ein mannskopf auf gold, von Hollbein.*

(hoch 7 zoll, breit 7 zoll.)

64) *Bauern am feuer, von Elzheimer.*

(hoch 10 zoll, breit 8¼ zoll.)

65) *Ein arzt, der einer alten frau an den puls fühlt, von Thomas Wyk.*

(hoch 1 fufs 1½ zoll, breit 1 fufs 1½ zoll.)

Der pickante effekt von schatten und licht, der gute ausdruck, der kraftvolle auftrag der farben und die natürliche darstellung der beiwerke machen das stück ungemein schätzbar. Inzwischen sind die lichter zu schneidend, und die karnazion besteht blos aus gelben, grauen und schwarzen tinten.

66, 67) *Zwei Bamboschaden, von Andreas Both.*

(hoch 9 zoll, breit 6¼ zoll.)

Schöne skizze 68) *Der gichtbrüchige, der zu Christo kömmt, mit einigen aposteln. Figuvon Vandyk.* *ren auf halben leib. Skizze, grau in grau, gemalt von Vandyk.*

(hoch 9 zoll, breit 11½ zoll.)

Das original dieser für den kenner schon höchst kostbaren skizze soll bei dem brauer Pawels in Brüssel anzutreffen seyn. Die köpfe sind von einem sehr wahren und edeln karakter: die hände so wie man sie von Vandyk gewohnt ist. Auch sind die gewänder sehr gut geworfen. Der kopf des gichtbrüchigen in einer übergebogenen schweren stellung ist eines Raphaels würdig.

69) *Bauern im streit, von Egbert Hemskerken.*

(hoch 0½ zoll, breit 11 zoll.)

Vortreflich durch die geistvolle zeichnung der köpfe und durch den zwar niedrigen aber wahren ausdruck der affekte. Dabei schön gruppirt, pickant beleuchtet, und meisterhaft behandelt.

70) *Ein weifses pferd mit seinem führer, der sich die schuh zuschnallt. Styl des Philipp Wouvermann.*

(hoch 1 fufs ¼ zoll, breit 1 fufs 1 zoll.)

71, 72) *Neben dem spiegel zwei kleine köpfe im styl des Gonzales Coques oder des kleinen Vandyks.*

Zweites zimmer.
Saal.

73) *Mannsportrait, angeblich von Johann von Ravesteyn.*
(hoch 3 fufs, breit 2 fufs 3 zoll.)

Der kopf hat ausdruck, aber der körper ist äuserst verzeichnet. Das stück ist aber auch aller wahrscheinlichkeit nach nicht von Johann van Ravesteyn.

Dieser vortrefliche künstler hat eine ganz eigene, aber leicht wieder zukennende manier. Er malte seine köpfe sehr hell und brachte beinahe gar keinen schatten darin an. Demohngeachtet heben sie sich sehr hervor. Seine zeichnung ist sehr genau, aber weniger korrekt als die des Vandyks. Die karnazion fällt etwas ins gypsartige: die lichter sind kreideweis. Seine weiberköpfe sind aber befser kolorirt, als seine mannsköpfe, die krebsroth von farbe sind. Die hände wählte er lange nicht so gut, wie Vandyk. *Styl des Johann von Ravestyen.*

Seine besten stücke sieht man auf dem schiefshause im Haag. In Salzdahlen trift man ein vortrefliches bild von ihm an. Eine familie von zehn personen, welche musiziren: kniestück. Diese köpfe haben alle karakter, und dabei angenehme gesichtsbildungen. Die wahrheit, die in diesem stücke herrscht, verbunden mit dem wohlgefälligen ausdruck der handlung und der einzelnen figuren, macht es aufserordentlich anziehend.

74) *Mannsportrait von Geldorp.*
(hoch 3 fufs 1 zoll, breit 1 fufs 7½ zoll.)

Der meister lebte in Kölln, und war brav, obgleich seine karnazion wie bronze aussieht.

Der herr oberjägermeister von Siersdorf in Braunschweig hat einen kopf von diesem meister, einen einäugigten mann, für den man respekt haben mufs.

75) *Ein geyer, der eine taube frifst, von Johann Baptista Weeninx.*
(hoch 2 fufs 1¼ zoll, breit 1 fufs 8 zoll.)

Der geyer, der die unter ihm liegende taube schon angerupft hat, schlägt die fittige auf und kehrt sich um.

Aeuserste wahrheit: man kann sie nicht weiter treiben.

76) *Antiochus und Stratonice, von Theodor van Thulden.*

(hoch 4 fufs 5 zoll, breit 7 fufs 4¼ zoll.)

Ein hauptstück in dieser galerie. Der kranke prinz Antiochus liegt in seinem bette, welches seiner länge nach gegen den zuschauer über steht. Diese schwere perspektivische aufgabe ist dem künstler vortreflich gelungen. Auf der einen seite nähert sich Stratonice, die er mit schmachtendem blicke ansieht. An der andern seite des bettes steht der arzt Erasistratus und merkt aus dem heftigeren pulsschlage bei annäherung der königin die ursach seiner krankheit. Dieser ausdruck ist vortreflich. Unter dem arzte stehen zwei weinende jünglinge von der bedienung des prinzen und ein tisch mit geräthschaften. Neben der königin auf der andern seite des bettes wird man eine Mohrin gewahr, und im hintergrunde zwei kammerfräulein, die neugierig nach dem kranken sehen. Auf dem vorgrunde sitzt der könig Seleucus und hinter seinem stuhle stehen zwei greise, welche anmerkungen über diese szene machen.

Alles dies ist vortreflich gedacht und angeordnet, sowohl um den blick sogleich auf dasjenige zu leiten, was am meisten gesehen zu werden verdient, als auch um eine vortrefliche würkung des lichts und schattens hervorzubringen. Die gestalten sind sehr gut gewählt, bis auf den könig nach, der von gemeiner und niedriger natur ist. Der prinz und die königin sind zwei reizende jugendliche figuren, die man nicht ansehen kann, ohne ihre verbindung zu wünschen. Die kammerfräulein sind allerliebste stuznäschen: doch herrscht etwas einförmigkeit in diesen jugendlichen köpfen. Der arzt macht einen schönen alten kopf aus. Die beiden alten hinter dem stuhle des königs sind wahre portraits. Der ausdruck wechselseitiger mittheilung ihrer bemerkungen ist sehr gut. Lächerlich ist es, dafs der maler sie in mönchskutten gehüllet hat.

Van Thulden war ein schüler des Rubens. Die zeichnung scheint richtiger und edler als die seines meisters zu seyn, so sehr sie sich übrigens seinem style nähert. Die farbe ist dagegen lange nicht so schön, sondern schwach und todt. Das bild sieht wie ein Camayeu aus einem gräulich braunen tone aus. Zur harmonie des ganzen hat dies allerdings viel beigetragen.

Das helldunkle ist aufserordentlich schön, und die perspektive bis zur täuschung wahr.

77 *a*) *Ein mannsportrait mit einer hand, von Ferdinand Bol.*
(hoch 2 fufs 5½ zoll, breit 1 fufs 11¾ zoll.)
Ein schöner brillanter kopf. Schade, dafs die hand so plump gezeichnet ist.

77 *b*) *Ein alter kopf von unbekannter hand.*
(hoch 2 fufs 4 zoll, breit 1 fufs 11⅔ zoll.)
Voller karakter, aber schwach von farbe.

'78) *Der engel erscheint den hirten bei nacht, von Albert Kuyp.*
(hoch 4 fufs 2 zoll, breit 5 fufs 3¼ zoll.)

Der engel ist wie ein hauch angedeutet, und von diesem strömt das licht aus, welches die nachtszene erhellet. Die unvermuthete erscheinung zerstreuet die hirten und das vieh auf dem felde umher.

Dieser gedanke ist brav, der ausdruck von furcht in den hirten auch natürlich, und das licht gut auf die verschiedenen gegenstände geleitet, so dafs das ganze in einiger entfernung auch effekt macht. Aber die prüfung hält es nicht aus. Die höchst gemeinen äuserungen von furcht abgerechnet, ist keine einzige figur richtig gezeichnet, und der ton der gelbbraunen farbe unwahr.

79) *Eine landschaft von Claude le Lorrain mit figuren, von P. Lauri.*
(hoch 2 fufs 9 zoll, breit 2 fufs 3 zoll.)

Die gegend ist sehr simpel komponirt. Sie stellt einen flufs mit bergigten ufern vor, worüber eine brücke geht. Auf dem vorgrunde badende figuren. Uebrigens kahle gegend ohne wald. Die luft ist sehr schwühl: dies ist sehr gut fühlbar gemacht, doch dürfte das ganze zu eintönig gelb gehalten seyn.

Schöner Teniers. 80) *Eine küche mit einem aufgehängten geschlachteten ochsen und mehreren personen, die bei der zubereitung des fleisches beschäftiget sind, von David Teniers.*
(hoch 2 fuſs 3 zoll, breit 3 fuſs 1¾ zoll.)
Das bild gehört unter die schönsten dieses meisters und ist aus seinem kräftigern braunen tone. Der ochse ist von äuserster wahrheit.

Schöne landschaft von van der Goyen. 81) *Eine landschaft, von van der Goyen.*
(hoch 1 fuſs 11 zoll, breit 2 fuſs 7 zoll.)
Die gegend stellt die platten ufer eines holländischen kanals vor, an denen einige windmühlen stehen. Der vordergrund wird durch eine wolke verdunkelt, die mit einem gewitter schwanger ist. Der hintergrund wird noch von den sonnenstrahlen erhellet. Diese vorstellung ist äuserst wahr und zugleich pickant. Man mögte in die mühle zu schauer gehen. Der dunkle vorgrund sticht vortreflich von dem hintern hellen grunde ab. Der gelbgraue ton, der dem meister so gewöhnlich ist, ist zur darstellung dieser szene sehr geschickt gewesen. Besonders thut die windmühle auf dem vorgrunde würkung. Von vorn zu sieht man sie in schatten, und die rückseite ist vom sonnenlicht erhellet, wie man es an den blendend aufgeblickten kanten des gebäudes und der flügel wahrnimmt.

82) *Eine perspektive, von Johann van Nikkelen.*
(hoch 2 fuſs 9 zoll, breit 3 fuſs 6¼ zoll.)
Eine von den grofsen weifsen kirchen, die man häufig von diesem meister antrift, und die in ihrer simplizität so grofsen effekt thun. Das gegenwärtige stück gehört zu seinen besten.

Schöne landschaft von Ruysdael. 83) *Eine landschaft von Ruysdael, figuren von Adrian van der Velde.*
(hoch 2 fuſs 7 zoll, breit 3 fuſs 1½ zoll.)
Das stück gehört sowohl seiner gröfse als seiner innern vortreflichkeit wegen unter die schönsten von diesem meister. Sein nahme steht darauf. Es stellt eine waldgegend mit einem fliefsenden gewäfser vor, welche ohne zusatz von der natur aufgenommen zu seyn scheint. Der boden ist moorigt.

Ein gewäfser fliefst von der linken seite des gemäldes nach der rechten zu durch den wald, und bildet in seiner mitte einige bülte oder erhöhungen von sumpfigter erde. Auf der linken seite des ufers, nach der stellung des zuschauers gerechnet, erhebt sich in einiger entfernung ein niedriges aber dichtes gesträuch, über welches die spitze eines berges hervorragt. Auf der rechten seite erhebt sich ein vorgrund von einigen mit moos und schilf bewachsenen bülten. Darüber hinaus tritt eine erdzunge ins wafser hinein, auf welcher zwei eichen in die höhe steigen, welche die mitte des bildes einnehmen. Jenseits der eichen sieht man einen wald, aus dem sich ein weg herausschlängelt, der aber mit einer kurzen beugung wieder rechterseits in den wald hineingeht. Auf diesem wege wird eine kleine heerde von schaafen und kühen getrieben, und etwas höher sieht man noch ein paar wanderer. Er geht auf einer anhöhe her, und da der künstler sein hauptlicht darauf hat fallen lafsen, so schneidet sie sich sehr gut von dem noch tiefer liegenden walde ab, der den übrigen hintergrund auf dieser seite einnimmt.

Läfst sich etwas simpleres, als dies sujet denken? Mögte doch dies stück alle diejenigen landschaftsmaler beschämen, welche in der unfruchtbarkeit ihres wohnortes an interefsanten gegenden eine entschuldigung zur vernachläfsigung ihres talents suchen! Sie ist traurig diese gegend hier: kein schönes grün belebt bäume und anger: keine vorgründe reich an seltenen blumen und architektur ziehen das auge an: keine abwechselnde aussichten eröfnen sich dem blick des zuschauers! es ist ein wenig schilf und mageres moos, es sind kränkelnde bäume und schmutziges moorwafser, welche der maler dargestellt hat. Aber die wahrheit der nachahmung, die zusammendrängung der gegenstände in einen raum, den das auge auf einmahl fafst, leicht ordnet und genau untersuchen darf, verbunden mit der idee von dem werthe des künstlers: die sind es, die dem bilde einen wahren anspruch auf schönheit geben.

Die vorzüge dieses bildes lafsen sich nicht beschreiben: aber man sieht sie desto lieber. Dahin gehört die grofse harmonie der farben unter sich, die vortrefliche würkung von licht und schatten, wodurch alles so tief, so räumig in dem bilde wird, dafs man um jeden baum herum und im walde umher wandeln mögte: der vortrefliche baumschlag, das lockere in dem blätterwerk der dickbelaubten äste, so durchsichtig, dafs man die hintere luft durchstreichen fühlt. Es ist schade, dafs dies bild den gewöhnlichen fehler des meisters hat, in einen ton von finsterm grün zu fallen. Sogar der berg in der ferne ist grün. Es dürfte hier der ort seyn, etwas über den karakter Ruysdaels zu sagen.

Karakter des Ruysdaels. Die wahl der gegenstände, die er darstellte, war in seinem fache nicht eingeschränkt. Er wählte bald bergigte gegenden mit waldströmen, bald wälder, und bald auch ebenen mit kornfeldern und kleinen gesträuchen. Selten setzte er sie poetisch zusammen, sondern hielt sich lieber an die natur. Sehr gern brachte er ein kleines gewäfser in seinen vordergründen an. Das stehende wafser hat er minder treu gemalt, als das schäumende im fall. Denn das erste stellt er gewöhnlich zu schwarz und grün vor. Seine bäume sind meistentheils eichen, deren blätter zwar einzeln nicht sehr bestimmt sind, aber die aus dem stamme, den ästen und den blättermafsen leicht wieder erkannt werden können. Die borken malte er nicht fein aus. Das laubwerk ist zu gleicher zeit dicht und locker: man sieht die luft hin und wieder durchscheinen. Gar gern mogte er die einförmigkeit des grünen durch einige gelb gewordene blätter unterbrechen. Er liefs sein hauptlicht tief ins gemälde hineinfallen, wodurch die fläche eine gröfsere tiefe erhielt. Doch beschränkte er sich auf die ferne, und reiche aussichten in weite thäler findet man in seinen gemählen sehr selten. Licht und schatten wufste er überhaupt sehr gut zu behandeln. Der ton seiner farbe ist ein finstres grün, welches allenthalben, auch sogar in den fernen prädominirt. Ich vermuthe aber, dafs diese farbe nachgedunkelt hat.

84) *Mannsportrait mit händen, von Kneller.*
(hoch 3 fufs 5½ zoll, breit 2 fufs 10 zoll.)

85) *Brustbild einer alten frau, die lieset, von Rembrandt.*
(hoch 3 fufs 7 zoll, breit 2 fufs 11 zoll.)

86 und 87) *Gesträuche und pflanzen mit vögeln, eichhörnchen und insekten, von Abraham Begyn.*

(hoch 3 fuſs 4 zoll, breit 2 fuſs 10 zoll.)

Sie übertreffen alles, was man in dieser art sehen kann, an natur und künstlicher behandlung.

88) *Eine schlacht, angeblich von Hughtenburg.*

(hoch 3 fuſs 10 zoll, breit 4 fuſs 1 zoll.)

Ich kann mich nicht überzeugen, dafs dies stück von Hughtenburg sei. Höchstens mögte es eine kopie nach ihm seyn, aber es ist gar nicht einmahl sein styl.

89) *David, dem Abisag von Sunam zugeführt wird, von Gerbrand van den Eckhout.*

(hoch 4 fuſs 6 zoll, breit 5 fuſs 1 zoll.)

Ich habe das sujet für Abraham gehalten, dem Sara die Hagar zuführt. Das bild ist brav doch unter dem andern von diesem meister in gegenwärtiger sammlung.

90) *Hirsch von luchsen zerrifsen, und*

91) *Wildeschweinshatze, beide von Andreas Ruthard.*

(hoch 2 fuſs 2¼ zoll, breit 2 fuſs 8½ zoll.)

Voll feuer, leben und kraft: aber inkorrekt in der zeichnung.

92) *Ein gesellschaftsgemälde, von Arnold Gelder.*

(hoch 4 fuſs 6 zoll, breit 5 fuſs 4 zoll.)

Der maler hat sich selbst vorgestellt, wie er im begriff ist, eine frau abzumalen, die eine süfse orange in der hand hält. Er sitzt in seiner werkstatt, rund herum viel malergeräth. Die köpfe haben wahrheit. Die farbe fällt aber sehr ins gelbe. Gelder war Rembrandts schüler. Alles was man in des letztern werken schön findet, das helldunkle, der auftrag der farben, die behandlung sind auch hier vortreflich. In ansehung der würkung kann das stück des schülers mit den besten des meisters verglichen werden.

93) *Bildnifs des grafen Schulenburg, vom Cavalliere Rusca.*

(hoch 5 fufs ¼ zoll, breit 3 fufs 10 zoll.)

Das stück ist in kupfer gestochen. Es verräth einen künstler, der mehr verstand, als ähnlichkeiten treffen. Die stellung ist frei, edel und voll leben. Der kopf hat ausdruck. Die behandlung leicht und geistvoll.

94) *Ein tisch mit einem teppich bedeckt und darauf kostbare gefäfse, von Maltese.*

(hoch 4 fufs 6½ zoll, breit 6 fufs 1½ zoll.)

Aeuserst wahr, und pickant durch geist, farbe, beleuchtung.

Schöne landschaft von Wynants.

95) *Landschaft mit einer hirschjagd von Wynants. Die figuren von Adrian van der Velde.*

(hoch 3 fufs 8 zoll, breit 3 fufs 6 zoll.)

Die landschaft ist sehr schön gedacht, und der schmelz der farben unvergleichlich. Es gehört überhaupt dieses bild unter die hauptstücke von diesem meister.

Sein styl.

Man erkennt den Wynants an folgenden kennzeichen. Er wählte gern gegenden mit sandbergen. Seine vorgründe sind mit fein ausgearbeiteten pflanzen geziert. Die borken und stämme seiner bäume sind fleifsig ausgemalt. Die blätter aber sind manirirt, und gleichen kleinen sternchen. Er brachte gern trockene stämme in seinen gemälden an, die er mit grofser wahrheit darstellte. Seine farben sind sehr harmonisch gewählt und vortrefflich in einander verschmolzen. Das ganze gleicht einem gufs von email. Inzwischen prädominirt in seinen erdgründen, fernen und wolken ein violettbrauner ton, der nicht völlig wahr ist.

Friese von Giulio Romano.

96) *Ein altes opfer mit goldfarbe auf einen braunen grund, von Giulio Romano.*

(hoch 3⅞ zoll, breit 2 fufs 4 zoll.)

Man erkennt den styl der Raphaelischen schule in diesen leicht weggemachten figuren, deren zahl sich auf acht und zwanzig beläuft und die in sehr abwechselnden stellungen dargestellt sind.

Der besitzer gab mir darüber folgende auskunft. Krahe, direktor der malerakademie in Düsseldorf, kaufte dieses stück für zwölf zechinen von einem juden.

Zur damaligen zeit lebte in Rom der kardinal Valenti, staatssekretair des pabstes Benedikt des vierzehnten, der eines der auserlesensten gemäldekabinetter in Italien besafs. Dieser hatte kurz vorher durch einen ähnlichen zufall ein klavier gekauft, welches der behauptung Krahens nach die schönste sache war, die man sehen konnte. Er zeigte dafselbe dem Krahe, welcher sogleich bemerkte, dafs die friese, die er gekauft hatte, zu diesem klavier gehöre. Er behielt dieselbe dreifsig jahr lang und liefs sie in Düsseldorf in kupfer stechen. Endlich verkaufte er das stück an den freiherrn von Brabek, oder vertauschte es vielmehr gegen andere stücke.

97) *Ein seehafen von Cornelius de Man.*

(hoch 2 fufs 1½ zoll, breit 2 fufs 7 zoll.)

Das stück stellt eine höle vor, ungefehr wie das labyrinth oder die Cento Camerelle bei Neapel, in der eine menge figuren von verschiedenen nazionen sich versammlet haben. Unter andern ein Griechischer kaufmann, ein jude, ein Italienisches bauerweib, ein eseltreiber mit seinen thieren, u. s. w. Rund herum liegen waaren in koffern, tonnen, und anderes gepäcke. Zur seite öfnet sich eine aussicht aufs meer. Die figuren sind mit geist gezeichnet und voller karakter. Der effekt der beleuchtung ist unvergleichlich. Der ton der farbe fällt zu sehr ins rothbraune. Ich stehe für die benennung des meisters nicht ein, von dem ich zu wenig stücke kenne.

98) *Ein kloster, an defsen thür den armen suppe ausgetheilt wird,* von Schöner Helmbrek. Helmbrek.

(hoch 2 fufs 1 zoll, breit 2 fufs 8 zoll.)

Nahme und jahrszahl stehen auf dem bilde, welches eine grofse achtung für den meister erweckt. Der ausdruck ist pafsend: form und stellung sehr abwechselnd, das helldunkle gut beobachtet und die farbe eines Andrea Sacchi würdig. Argensville erwähnt eines ähnlichen stücks von diesem meister.

**Schöner Knu-
pfer.**

99) *Christi verspottung, von Knupfer.*
(hoch 1 fufs 5½ zoll, breit 1 fufs 11 zoll.)

Es gehört zu dem besten von diesem meister. Niemand hat vielleicht befser, wie er, den blendenden schein der sonne darzustellen gewufst. Auch bringt dieses hier durch die vortrefliche beleuchtung den pickantesten effekt hervor. Die köpfe sind reizend und die behandlung ist äuserst fleifsig, ohne trockenheit.

100) *Ein kleines nachtstück, von van der Neer. Oval.*
(hoch 3½ zoll, breit 4½ zoll.)

Eine allerliebste seltenheit.

101) *Perspektivische vorstellung einer kirche, die bei nachtzeit von kronleuchtern erhellet wird, von J. B. Weeninx.*
(hoch 2 fufs 10½ zoll, breit 3 fufs 11 zoll.)

Sie thut grofse würkung.

102) *Ein todtes kind, von Gabriel Metzu.*
(hoch 1 fufs 1⅞ zoll, breit 1 fufs 4 zoll.)

Aeuserste wahrheit. Heller ton.

103) *Bildnifs einer frau im schwarzen kleide und weifsem halskragen, angeblich von Rubens,*
(hoch 2 fufs 9 zoll, breit 2 fufs 2 zoll.)

Es ist vielmehr in Mierefelds styl gemalt.

104) *Schneyers bildnifs mit einer hand, von Vandyk.*
(hoch 1 fufs 10 zoll, breit 1 fufs 6 zoll.)

Man sieht das stück öfterer. Ich lafse die originalität dahin gestellt seyn.

105) *Perspektivische vorstellung der kirche St. Paolo fuor della mure in Rom, von Bibiena.*
(hoch 2 fufs 3½ zoll, breit 1 fufs 7 zoll.)

106, 107) *Zwei perspektiven, von Ghisolfo.*
(hoch 2 fufs 2 zoll, breit 3 fufs.)

Architektonische ansichten, ausstaffiert mit figuren. Auf dem einen bilde wird Archimedes vorgestellt, wie er anleitung zur konstrukzion einer maschine gibt. Auf dem andern sein tod. Die manier hat viel vom styl des Salvator Rosa.

Drittes zimmer.

108, 109) *Ueber den thüren zwei perspektiven mit dem nahmen des künstlers H. Blok.*
(hoch 1 fufs 11 zoll, breit 2 fufs 8 zoll.)

Füfsli nennt einen Blok als architekturmaler: er giebt ihm aber den nahmen Jakob Rogerius. Diese stücke hier haben viel verdienst.

110) *Mannsportrait von unbekannter hand.*
(hoch 2 fufs, breit 1 fufs 7 zoll.)

Ein guter kopf, an dem der weifse halskragen und das schwarze kleid von taffet mit zweckmäfsigem fleifse behandelt sind.

111) *Ein heiliger Franziskus in einer landschaft, und*

112) *Ein heiliger Petrus gleichfalls in einer landschaft: beide in Salvator Rosa's geschmack, von Teniers.*
(hoch 1 fufs 9½ zoll, breit 1 fufs 3½ zoll.)

113) *Eine landschaft, von Moucheron.*
(hoch 4 fufs 6¾ zoll, breit. 3 fufs 9 zoll.)

Schöne landschaft von Moucheron.

Sie gehört zu den besten stücken von diesem meister. Auf dem vorgrunde sieht man einige figuren, einen maulesektreiber, der sich auf sein thier lehnt: ein weib mit dem spinnewocken, u. s. w. Sie sollen von Berghem seyn, woran ich zweifle. Die landschaft selbst stellt einen weg durch eine felsigte gegend vor, der an einem grabmahle vorbeigeht. Die mitte des bildes nehmen zwei zypresfen ein.

Styl dieses meisters.

Moucheron hatte wenig harmonie in seinen komposizionen. Er dachte seine landschaften nicht auf einmahl als ein ganzes, er setzte sie stückweise zusammen, und man merkt ihnen das flickwerk nur zu sehr an. Er wählte gemeiniglich italienische gegenden, weite aussichten zwischen bergen durch. Auf den vorgründen bringt er gern schilf, lange halme, gesträuche und epheu an. Alle diese kleinigkeiten blickte er auf eine sonderbare art mit einem weifslichten grau auf. Seine stämme deutete er sehr leicht an, und es fehlt ihnen sehr an der gehörigen ründung. Sein laubwerk formirt schlechte mafsen, und ist sehr unbestimmt in der form der blätter. Ueberall prädominirt ein kalter grauer ton. Den himmel aber hielt er ins hellgelbe. Uebrigens führte er den pinsel mit grofser fertigkeit.

Das gegenwärtige bild hat weniger von diesen fehlern, als die übrigen, die ich von ihm kenne.

114) *Christus am kreutz mit vielen figuren, von Caspar Crayer.*
(hoch 2 fufs 7 zoll, breit 1 fufs 8 zoll.)

Der heiland ist in dem augenblicke dargestellt, wie er die worte ausspricht: Mich dürstet! Ein kriegsknecht tunkt den schwamm in efsig, den er ihm reichen will. Die heilige Magdalena liegt zu den füfsen des kreutzes. Auf der andern seite stehen der heilige Johannes und die mutter Gottes.

Dies bild ist eine ziemlich ausgeführte skizze zu einem gemälde, welches Crayer in Brüfsel im grofsen gemalt hat. Man trift wenig werke von diesem meister in den kabinettern an, und darum ist dieses hier sehr schätzbar. Der styl hat im ganzen viel von Vandyk, ist aber härter in der farbe, inkorrekter in der zeichnung. Die köpfe sind ohne allen ausdruck.

Der herr oberjägermeister von Siersdorf in Braunschweig hat von diesem meister eine Madonna mit dem kinde, die den schönsten Vandyks an die seite gestellt werden kann.

Schönes gemälde von Gerhard Dow.
115) *Tobias wird von der blindheit geheilt, angeblich von Gerhard Dow.*
(hoch 5 fufs 7 zoll, breit 6 fufs 9 zoll.)

Ich komme jetzt zu einem der schönsten gemälde in der galerie.

Der alte Tobias sitzt. Man sieht ihn von der seite, und das gesicht hinten übergebogen beinahe im profil. Vor ihm, jedoch zur seite, steht sein sohn, der ihn mittelst einer feder die augen mit salbe bestreicht. Dabei die mutter, die durch eine brille zusieht, und sich zugleich auf einen krückstock lehnt. Hinter dem stuhle der engel, der ohne sichtbaren antheil an der handlung zu nehmen, das gesicht gegen die zuschauer kehrt. Vorn auf dem vorgrunde liegt das hündchen.

Diese gruppe ist vortreflich angeordnet. Die figuren sind etwas unter lebensgröfse und ihre form ist von gemeiner natur. Aber der ausdruck ist so schön, wenn ich den einzigen engel ausnehme, dafs man sagen kann, er sei der natur abgestohlen. Die blindheit ist an dem vater unverkennbar. Man sieht ihm den reiz an, den ihm die berührung eines so empfindlichen theils, wie das auge ist, verursacht; aber zugleich die fafsung, womit er sich der kur unterwirft. Seine physiognomie trägt den karakter eines ehrlichen alten an sich. Die stellung deutet ganz einen menschen, der etwas aushalten soll, wobei er sich ganz leidend verhalten und still sitzen mufs. Mit der linken hand fafst er die lehne des stuhls an, und den hacken des rechten ausgestreckten fufses stämmt er gegen die erde. Der sohn hat im gesicht und kleidung die ansicht eines niederländischen wundarztes. Die aufmerksamkeit, sorgfalt und behendigkeit, mit der er operirt, ist unbeschreiblich. Das angeheftete auge und der zusammengedrückte mund zeigen den antheil, den er am gelingen seiner heilart nimmt. Mit der linken hand fafst er den kopf des vaters auf der scheitel, und mit der rechten streicht er die feder so leise, aber auch zugleich so wahr, dafs man die hand fortschreiten sieht. Die alte mutter, die sich halb gebückt auf ihren krückstock stützt, und dabei durch die brille, welche sie mit der andern hand festhält, der operazion zusieht, ist wieder von der ergreifendsten wahrheit. Der engel ist ein guter junge, wahr als portrait, aber ohne dramatischen ausdruck.

Die zeichnung ist ohne auffallende inkorrekzion. Inzwischen dürfte in den verkürzten händen des Tobias und seiner frau etwas unrichtiges anzutreffen seyn. Die gewänder sind gut geworfen, und besonders ist der faltenschlag in dem pelz des Tobias sehr natürlich. Rund herum sieht man einige beiwerke, z. e. ein vogelbauer, einen haspel, kefsel, schaufel, stricke, den schon erwähnten hund. Alles mit treue und zweckmäfsigem ernste dargestellt. Der ton des bildes fällt ins gelbgraue und ist von grofser kraft und harmonie, aufser an einigen stellen, wo die halbtinten zu grau geworden sind. Die würkung des helldunkeln ist unvergleichlich. Das gemälde hat eine wahre tiefe und die figuren kommen nicht allein jede einzeln für sich, sehr gut heraus, sondern ründen sich auch zusammen zu einer schönen gruppe. Die behandlung ist vortreflich, fleifsig und dennoch dreist. Die runzeln, die haare des barts, des pelzes, des hundes u. s. w., alles das ist auf eine ganz verschiedene und dem gegenstande angemefsene art behandelt.

Von wem ist denn dies vortrefliche bild? Dem besitzer ist es von dem ehemaligen galerieinspektor Krahe für einen Peter Lastmann, dem meister Rembrandts verkauft. Ein englischer schildereihändler Greenwood hat es für einen Gerhard Dow erklärt. Wäre die letzte angabe wahr, so würde es die gröfste seltenheit seyn, die sich denken liefse. Denn aufser ein paar bildnifsen sind figuren von diesem meister nicht bekannt: geschweige denn eine so weitläuftige komposizion.

Der ton des ganzen hat sehr vieles von der schule des Carravaggio. Aber auf diesen meister und seine schule kann man darum nicht schliefsen, weil in der zeichnung, in der wahl der formen und in der behandlung des pinsels der Niederländische styl unverkennbar ist. Man braucht nur den engel anzusehen, um sich zu überzeugen, dafs das stück aus Rembrandts schule sei.

Auf Peter Lastmann, dem lehrer Rembrandts kann ich gar nicht gehen, da nach den gemälden, die ich von diesem meister kenne, und die alle in den styl der Franken, Cornelius Cornelis u. s. w. fallen, nicht die entfernteste vermuthung vorhanden seyn kann, dafs das stück von ihm gemalt sei. Für Gerhard Dow spricht zeichnung, ausdruck, kolorit und helldunkles am mehrsten, und ich gestehe daher, dafs ich sehr geneigt bin, es diesem künstler beizulegen.

Styl des Gerhard Dow.

Gerhard Dow war, meinem gefühle nach, der Raphael der Niederländer. Niemand unter seinen landsleuten hat so sanfte empfindungen in seinen komposizionen verrathen. Niemand hat die feinsten züge der individualität eines ganzen standes von menschen in den äusern formen so glücklich dargestellt, und keiner hat den mimischen ausdruck der feinsten bewegungen der seele so sehr in seiner gewalt gehabt, als er. Seine zeichnung, ohne den höchsten grad von bestimmtheit zu erreichen, ist frei von auffallenden inkorrekzionen. Sein kolorit ist nicht völlig wahr bei einer genauen vergleichung mit der natur, es fällt zu sehr ins braungelbe: aber im kontrast mit den übrigen gegenständen im gemälde ist es völlig wahr. Das helldunkle ist vortreflich: die behandlung geistreich. Sein fleifs ist nur selten ins trockene gefallen, und durch die kleinheit seiner figuren, an denen er alles ausdrückte, was man in einiger entfernung an den gegenständen in lebensgröfse sieht, völlig entschuldigt.

116) *Gesellschaftsgemälde von Terburg.* Schöner Terburg.
(hoch 2 fufs 5 zoll, breit 2 fufs 2 zoll.)

Ein herr, der ins zimmer tritt, macht vor der dame im hause seine verbeugung, und will ihr die hand küfsen. Im hintergrunde noch 3 figuren. Ein allerliebstes stück. Die köpfe, lauter bildnifse, haben viel karakter und sind, so wie die extremitäten, fein und richtig gezeichnet. Das fleisch ist zu elfenbeinern. Die bewerke sind fleifsig aber zweckmäfsig behandelt. Das atlafsene kleid der dame rauscht. Die figuren sind sehr rund und überhaupt ist das helldunkle vortreflich beobachtet.

117) *Eine köchin, die einen braten an den spiefs steckt, von Adrian Bloemaert.*
(hoch 3 fufs 8 zoll, breit 2 fufs 11 zoll.)

118) *Christus als gärtner mit der heiligen Magdalena, in einer landschaft von Breughel van Vlour, oder Samtbreughel.*
(hoch 1 fufs 11 zoll, breit 3 fufs 2 zoll.)

Die landschaft ist äuserst wohl erhalten und gehört zu den schönsten kunststücken dieses meisters. Man weifs, dafs seine stärke in der schönen erfindung von blumen, kräutern, thieren und gewächsen bestand, die er mit äuserstem fleifse und mit den blendendsten farben darstellte. Der ton, der in seinen gemälden prädominirt, ist ein bläulich grüner, wozu das viele ul-

K

tramarin, welches er brauchte, ein grofses beitrug. Dabei sehen seine gemälde aus wie porzellain, und haben sich bis auf den heutigen tag äuserst frisch erhalten. Sie ziehen daher auch die augen der blofsen liebhaber besonders an. Die figuren in diesem bilde sind aus Rubens schule, und eben nicht aufserordentlich.

119) *Schaafe mit einer hirtin in einer landschaft mit architektur, von Jakob van der Does.*

(hoch 3 fufs 11 zoll, breit 2 fufs 9 zoll)

Ein sehr schönes stück, auf dem besonders die schaafe, worin dieser meister so stark war, mit grofser wahrheit dargestellt sind. Der ton fällt etwas ins finstere bräunliche.

120) *Ein stilleben von Peter Gyfsels oder Peter Gyzen, hasen, vögel und gesträuch.*

(hoch 1 fufs 6½ zoll, breit 1 fufs 3½ zoll.)

Dies stück ist lange in Antwerpen unter dem nahmen des schönen hasen bekannt gewesen, weil ein todter hase die mitte des bildes einnimmt. Rund herum ist mehreres todtes federvieh aufgehängt, und auf der erde liegen gleichfalls einige vögel. Das stück macht jetzt für alle nichtkenner das wahrzeichen der Brabekischen galerie aus. So wenig ich ein freund von dergleichen vorstellungen bin, so kann ich doch nicht läugnen, dafs das stück mich in verwunderung gesetzt hat. Eine solche vereinigung von schönen blendenden farben ohne härte und grellen kontrast: eine solche treue, ein solcher fleifs, vermöge defsen man jedes haar an dem hasen, und jede feder an den vögeln zählt, ob diese gleich zum theil kaum einen zoll an gröfse haben, können selbst den strengsten kritiker, der an die höheren schönheiten der Italienischen schule gewohnt ist, eines augenblicklichen erstaunens wegen entschuldigen.

121) *Salomons götzenopfer, von Frank.*

(hoch 2 fufs, breit 1 fufs 6 zoll.)

Die architektur ist von Steeuwyk oder Baptista Weeninx.

122) *Kopf eines kindes, von Geldorp.*
(hoch 1 fuſs 8 zoll, breit 1 fuſs 3 zoll.)

123)) *Ueber dem spiegel das bildniſs des ehemaligen fürst bischoffs von Brabek, von unbekannter hand.*
(hoch 2 fuſs 5 zoll, breit 2 fuſs.)
Es ist ein gut gemalter kopf.

124) *Ein sitzender schlafender bauer, von Gabriel Metzu.*
(hoch 1 fuſs 4 zoll, breit 1 fuſs 2 zoll.)

Viertes zimmer.

125) *Eine frau, die ihr kind lauset, von Gabriel Metzu.*
(hoch 1 fuſs 1 zoll, breit 11 zoll.)
Höchst wahrer aber gemeiner ausdruck.

126) *Ein alter Lazarone, der sich wärmt. Styl des Tintoretto.*
(hoch 1 fuſs 4 zoll, breit 1 fuſs $\frac{1}{2}$ zoll.)

127) *Eine landschaft, von Ermels.*
(hoch 1 fuſs $7\frac{1}{2}$ zoll, breit 1 fuſs 4 zoll.)
Die komposizion ist schön, aber der ton gar zu violett.

128) *Ein bildniſs, von Tizian.*
(hoch 2 fuſs $\frac{1}{2}$ zoll, breit 1 fuſs 8 zoll.)
Es stellt den künstler selbst vor, und an der originalität ist kein zweifel. Inzwischen hat das stück so sehr gelitten, dafs für denjenigen, der kein sehr grofser kenner ist, nichts an dem bilde merkwürdiges bleibt, als der nahme des meisters.

Schüler des Jardin.

129) *Bamboschade, von Carl du Jardin.*

(hoch 1 fuſs 8 zoll, breit 1 fuſs 4 zoll.)

Es gehört zu den kostbarsten der galerie. Zwei italienische bauerjungen spielen das vaterländische spiel alla mora, und haben sich dabei auf die erde gelagert. Ein mauleseltreiber, auf sein thier gelehnt, sieht zu. Die szene geht im schatten eines alten gebäudes vor. Die zeichnung ist gut, die färbung hell, angenehm und so schön verschmolzen, als man es nur immer von einem Paul Potter erwarten kann. Die würkung des helldunkeln ist äuserst pickant.

130) *Landschaft von Ruysdael mit gemäuer.*

(hoch 1 fuſs 6 zoll, breit 2 fuſs.)

Sehr schön.

131) *Eine landschaft mit einer jagd, angeblich von Ruysdael und Wouvermann.*

(hoch 1 fuſs 4 zoll, breit 1 fuſs 9 zoll.)

Eher von Vries, für Ruysdael zu hart.

132) *Noch eine landschaft, von Ruysdael.*

(hoch 1 fuſs 4 zoll, breit 1 fuſs 8½ zoll.)

133) *Ein kardinal in einer sakristei, mit einer aussicht in eine kirche.*

(hoch 11 zoll, breit 1 fuſs 2 zoll.)

Der meister ist unbekannt. Der styl hat viel vom Albert Dürer.

134) *Der heilige Petrus, im style von Honthorst.*

(hoch 3 fuſs 9 zoll, breit 2 fuſs 10 zoll.)

135) *Kräuter mit insekten, von Otto Marsaeus.*

(hoch 3 fuſs 1 zoll, breit 2 fuſs 3 zoll.)

136) *Eine tabagie, von unbekannter hand.*
(hoch 3 fuſs 9 zoll, breit 5 fuſs 5 zoll.)
Es hat viel vom style des Rykaert. Aber ich gestehe, daſs die farbe zu stark impastirt ist, um von ihm zu seyn.

137) *Stilleben, von Adrian Brauer.*
(hoch 2 fuſs 4½ zoll, breit 1 fuſs 11 zoll.)

138) *Eine bataille auf einen runden eisernen schild gemahlt, von Ludolph de Jong.*
(hoch 1 fuſs 9 zoll, breit 1 fuſs 8 zoll.)
Sehr brav. Die manier hat viel vom van der Meulen an sich.

139) *Gesträuch mit insekten, von unbekannter hand.*
(hoch 2 fuſs, breit 1 fuſs 9 zoll.)

140) *Adam und Eva, von Cornelius von Harlem.*
(hoch 2 fuſs 9 zoll, breit 2 fuſs 1 zoll.)
Das stück gehört unter die besten von diesem meister: Die figuren sind sehr rund, das fleisch ist sehr frisch. Uebrigens plump und inkorrekt gezeichnet, wie gewöhnlich.

141) *Ueber dem spiegel todtes geflügel, von Hondekotter.*
(hoch 1 fuſs 11 zoll, breit 1 fuſs 5½ zoll.)

142) *Spanische gesellschaft, die im brette spielt, von Theodor Rombouts.*
(hoch 4 fuſs 1¾ zoll, breit 5 fuſs 10 zoll.)

143) *Eine landschaft, höchst wahrscheinlich von Lukas von Uden dem jüngern.*   *Vortrefliche landschaft von Lukas von Uden.*
(hoch 3 fuſs 8½ zoll, breit 5 fuſs 9½ zoll.)
Ich rechne diese landschaft unter die schönsten, die ich kenne. Sie ist vortreflich komponirt. Eine aussicht führt über's waſser hin in eine ebene ferne. Zur seite ist ein wald mit groſsen bäumen, zwischen denen das licht

die glücklichsten zufälle bildet. Man geht darin spatzieren. Einige figuren, womit die landschaft ausstaffirt ist, sind sehr geistreich behandelt. Die würkung des ganzen ist aufserordentlich. Die stämme sind schön: mehrestentheils büchen und birken. Die blätter sind zu grofs und unbestimmt, aber keck angedeutet. Die farbe fällt zu sehr ins bläuliche.

Mir ist es höchst wahrscheinlich, dafs dies stück von Lukas von Uden ist. Es hat viel von Rubens style, nur dafs die farbe nicht so saftig ist, und die figuren gar nicht in seinem style gezeichnet sind. Man hat mir andere landschaften von Lukas von Uden, sogar mit des meisters nahmen gezeigt, welche diesen styl nicht an sich trugen. Sie hatten einen hohen horizont, punktirte blätter, und kamen mit denen von Paul Brill, Savary und Vinkenboom überein. Allein ich vermuthe, dafs diese landschaften, welche gar nichts von dem style des Rubens, defsen schüler der jüngere L. von Uden war, nichts vom Tizian, den er fleifsig studirte, an sich tragen, von seinem vater herrühren.

Der styl des L. von Uden wird in den kunstbüchern folgendermafsen angegeben:

Styl des Lukas von Uden.

Seine arbeit sei einnehmend: man finde darin eine so frische und leichte behandlung des baumschlages, dafs der wind seine blätter zu beleben schiene. Er habe besonders schöne birken gemalt. Seine manier sei kek und kräftig in den gröfseren, fein und zart in den kleineren gemälden. Die lüfte wären klar und hell, und die form seiner wolken abwechselnd. Seine fernen öfneten weite aussichten, und nichts sei so reizend als seine figürchen, die er sehr richtig gezeichnet habe. (S. D'Argensville und Deskamps.) Diese kennzeichen treffen völlig auf unser gemälde zu.

Fünftes zimmer.
Im hintertheile des hauses.

144) *Eine heilige familie, von Domenico Feti.*

(hoch 3 fufs 1½ zoll, breit 2 fufs 3¼ zoll.)

Wenn das ganze dem einzelnen kopfe des heiligen Josephs gliche, so wäre es unvergleichlich.

145) *Christus am kreutze, und*

146) *Christus am oelberge. Zwei skizzen grau in grau, von Vandyk.*
(hoch 1 fuſs 9 zoll, breit 1 fuſs 1 zoll.)

147, 148) *Zwei jugendliche mannsköpfe, angeblich von van der Helst.*
(hoch $8\frac{1}{3}$ zoll, breit $6\frac{1}{3}$ zoll.)
Ich bezweiße sehr den meister.

149) *landschaft von unbekannter hand.*
(hoch $7\frac{1}{4}$ zoll, breit 9 zoll.)

150) *Mondschein, von van der Neer.*
(hoch 1 fuſs $8\frac{3}{4}$ zoll, breit 2 fuſs 4 zoll.)

151) *Brand bei nacht, von eben demselben.*
(von eben der höhe und breite.)
Beide sehr schön in der bekannten manier des meisters.

152) *Landschaft, von Ruysdael.*
(hoch 1 fuſs $4\frac{1}{2}$ zoll, breit 2 fuſs $\frac{1}{2}$ zoll.)
Wahrscheinlich nur aus deſsen schule.

153) *Viehstück, von Solimaker.*
(hoch 1 fuſs $5\frac{3}{4}$ zoll, breit 1 fuſs $8\frac{1}{2}$ zoll.)
Sehr schön und beinahe so schön als Berghem, deſsen schüler Solimaker war.

154) *Anbetung der Könige, von Johann Mabuse.*
(hoch 3 fuſs $4\frac{1}{4}$ zoll, breit 4 fuſs 7 zoll.)
Der seltenheit wegen schön. Es ist ein erbstück in der Brabekischen familie. Ich bemerke aber hierbei, daſs ich die richtige angabe des meisters nicht verbürge, weil ich zu wenig sachen von Mabuse gesehen habe.

155) *Die verheifsung Abrahams, von Nikolaus Poufsin.*
(hoch 2 fufs 7 zoll, breit 3 fufs 3 zoll.)

Gott der Vater wird in einer glorie von engeln herabgetragen. Abraham liegt vor ihm auf den knien, den kopf zur erde gestreckt. Hinter ihm Hagar und Ismael, Sara und Isaak kniend. Vortrefliche komposizion, schöne stellungen! schade dafs das bild gelitten hat und retuschirt ist. Aus dem, was noch unversehrt ist, leuchtet eine vortrefliche zeichnung und ein Albanisches kolorit hervor.

156) *Eine bauernfamilie am tisch, aus der Ostadischen schule.*
(hoch 1 fufs 6¾ zoll, breit 2 fufs ½ zoll.)

157) *Eine Landschaft, von Everdingen.*
(hoch 1 fufs 11¼ zoll, breit 2 fufs 6 zoll.)

Sie ist gut, gehört aber nicht unter die ersten von diesem in seiner art vortreflichen meister.

Styl des von Everdingen. Everdingen hat hauptsächlich felsen, waldströme, tannenwälder und dürre heiden gemalt. Der geist Ofsians scheint in ihn gefahren und ihm seine bilder eingeflöfst zu haben. Ein heerer schauer und eine finsterere melancholie ergreift uns bei dem anblick seiner gemälde, zu denen er die gegenstände auf den Alpen und in Norwegen sammlete. Alles, was eine gegend schrecklich machen kann, wufste er vortreflich darzustellen. Seine felsen sind wahre steinmafsen, die von anbeginn der welt da gelegen haben. Niemand hat sie befser als er gemalt. Der ton seiner farbe ist ein finsteres braun, und vielleicht ist er darin zu einförmig. Die schönsten werke, die ich von ihm kenne, sind in Kopenhagen.

158) *Brustbild eines jungen mannes, von Carl du Jardin.*
(hoch 1 fufs 1¼ zoll, breit 10½ zoll.)

159) *Altes weib, angeblich von Gerhard Dow.*
(hoch 11½ zoll, breit 9½ zoll.)

160)

160) *Ein schweineschlachten, von Isaak Ostade.*
(hoch 1 fufs 7 zoll, breit 1 fufs 9¾ zoll.)

161) *Ein gesellschaftsgemälde von unbekannter hand.*
(hoch 1 fufs 5 zoll, breit 1 fufs 10¼ zoll.)

162) *Ein türkenkopf aus Rembrandts schule.*
(hoch 2 fufs 1 zoll, breit 1 fufs 7½ zoll.)

163) *Viehstück mit einem weifsen pferde, schaafen und hirten, von Johann Both.*
(hoch 1 fufs 11 zoll, breit 1 fufs 7½ zoll.)

164) *Madonna mit dem kinde, schule des Carlo Maratta.*
(hoch 9¾ zoll, breit 7¼ zoll.)

165) *Madonna mit dem kinde, schule des Trevisani.*
(hoch 10¼ zoll, breit 8¾ zoll.)

166) *Die eitelkeit, unter dem bilde einer frau mit einem todtenkopfe, von Wilm Mieris.*
(hoch 11⅖ zoll, breit 11 zoll.)

167) *Ein gelehrter mit einer feder im munde, von Johann Mieris.*
(hoch 1 fufs 2 zoll, breit 11 zoll.)

168) *Frauensportrait von Geldorp.*
(hoch 2 fufs 1½ zoll, breit 1 fufs 7½ zoll.)

169) *Afsumpzion der Maria, von Pafserl.*
(hoch 2 fufs, breit 1 fufs 11⅔ zoll.)

170) *Ein stilleben von unbekannter hand.*
(hoch 1 fufs 1½ zoll, breit 1 fufs 5¼ zoll.)

L

171) *Afsumpzion der Maria, mit einer menge von aposteln, nach Rubens.*

(hoch 2 fufs 8½ zoll, breit 1 fufs 6¼ zoll.)

Nach der erzählung des besitzers soll dieses gemälde eine von Rubens ausgeführte skizze zu seinem gröfseren gemälde in Brüfsel und für eine dame, deren wappen noch auf unserm bilde steht, bestimmt gewesen seyn. Ich zweifle aber an der wahrheit dieser überlieferung.

172) *Eine italienische landschaft mit einer brücke, von unbekannter hand.*

(hoch 1 fufs 1 zoll, breit 1 fufs 4½ zoll.)

173) *Darstellung Christi im tempel, von Salomon Coning.*

(hoch 1 fufs 10½ zoll, breit 1 fufs 6 zoll.)

Im styl dem Leonhard Bramer ähnlich.

174) *Bildnifs einer dame, von Justus van Egmont.*

(hoch 1 fufs 6½ zoll, breit 1 fufs 3¼ zoll.)

Hat viel ähnlichkeit mit Netscher.

175) *Landschaft von Wynants. Figuren von Adrian v. d. Velde.*

(hoch 1 fufs 1 zoll, breit 1 fufs 4½ zoll.)

Sehr schön. Vorn ein verdorrter baum mit epheu bewachsen und schönes kraut auf dem vorgrunde: die figuren stellen eine jagd vor. Der ton emaillenmäfsig.

176) *Landschaft von Johann Weeninx.*

(hoch 1 fufs 7½ zoll, breit 1 fufs 5 zoll.)

Allerliebst komponirt. Aus dem piedestal einer antiken vase von schöner form fliefst ein brunnen, an dem lastthiere getränkt werden. Ein reuter sprengt vorbei. Hinten aussicht aufs meer und aufs kastel St. Angelo. Der ton ist angenehm und hell. Man mufs diesen Weeninx nicht mit seinem vater Johann Baptista Weeninx verwechseln, der übertrieben grau malte.

177) *Landschaft mit vieh*, und

178) *Landschaft mit wildprett*; beide von dem galerieinspektor *Weitsch* in *Salzdahlen*.

(hoch 7 fufs 10 zoll, breit 7 fufs)

Ob ich mir gleich vorgenommen habe, von den werken noch lebender künstler mein urtheil nicht zu sagen, so darf ich doch anführen, dafs der künstler ein braver lieber mann ist, den ich sowohl seines herzens als seiner talente wegen ungemein schätze.

179) *Seegestade mit figuren*, von *Adam Willaerts*.

(hoch 2 fufs 5¼ zoll, breit 3 fufs 9¼ zoll.)

Schön!

180) *Blumenstück*, von *Nuzzi de fiori*.

(hoch 2 fufs 2 zoll, breit 1 fufs 5⅓ zoll.)

181) *Christi beschneidung*, von *Leonhard Bramer*.

(hoch 2 fufs 4½ zoll, breit 3 fufs 2¼ zoll.)

182) *Afsumpzion der Maria*, von *Nik. Knupfer*.

(hoch 2 fufs 4 zoll, breit 1 fufs 11 zoll.)

183) *Eine landschaft von Moucheron mit figuren*, von van der *Velde*.

(hoch 5 fufs 7 zoll, breit 6 fufs 2 zoll.)

184, 185) *Zwei architekturstücke*, von *Milani*.

(hoch 1 fufs 3 zoll, breit 1 fufs 8½ zoll.)

186) *Eine landschaft*, von *L. von Uden*.

(hoch 1 fufs 9 zoll, breit 2 fufs 3⅔ zoll.)

Ich gestehe aufrichtig, dafs ich nicht genug ächte originale von L. von Uden kenne, um mit gewisheit zu behaupten, ob ein stück von ihm sei, oder nicht. Was mich bis jetzt geleitet hat, um ihn wieder zu kennen, ist die untersuchung, ob das stück ähnlichkeit mit dem style von Rubens habe. Diese hat nun das gegenwärtige stück nicht, weder im baumschlage, noch in der komposizion, noch in der färbung. Es prädominirt eine sehr blaue farbe im hintergrunde. Uebrigens ist es ein sehr liebliches bild, und die aussicht über einen see hinaus sehr reich.

187) *Landschaft, von Salomon Ruysdael.*
(hoch 1 fuſs 11$\frac{2}{3}$ zoll, breit 2 fuſs 11$\frac{1}{4}$ zoll.

Salomon Ruysdael war ein bruder Jakobs. Er kam ihm von weitem nicht bei, sondern näherte sich mehr dem van der Goyen. Doch sind seine figuren geistvoller behandelt und die farbe ist auch kräftiger.

188, 189) *Zwei landschaften von van der Goyen.*
(hoch 1 fuſs 2 zoll, breit 1 fuſs 7$\frac{2}{3}$ zoll.)

190) *Bildniſs eines knaben aus Rembrandts schule.*
(hoch 1 fuſs 4$\frac{2}{3}$ zoll, breit 1 fuſs 1$\frac{1}{2}$ zoll.)

191) *Eine landschaft von Johann Regnerus de Vries.*
(hoch 1 fuſs 4 zoll, breit 1 fuſs 8$\frac{3}{4}$ zoll.)

192) *Perspektive, von Nikkelen.*
(hoch 1 fuſs 7 zoll, breit 1 fuſs 4 zoll.)

193) *Landschaft von Moucheron.*
(hoch 1 fuſs 1 zoll, breit 1 fuſs 5 zoll.)

194) *Landschaft von Pynacker.*
(hoch 1 fuſs 4$\frac{1}{2}$ zoll, breit 1 fuſs 8$\frac{1}{2}$ zoll.)

195) *Landschaft von Alexander Kierings.*
(hoch 1 fuſs 8$\frac{3}{4}$ zoll, breit 2 fuſs.)

Der ton ist wie in allen gemälden dieses meisters, sehr bräunlich.

196) *Badende nymphen mit landschaft, von Cornelius Holsteyn.*
(hoch 2 fuſs 4 zoll, breit 2 fuſs 9 zoll.)

197) *Wagen mit stuten bespannt, zwischen denen ein reuter auf einem hengste sitzend sich verwickelt. Schule von Ph. Wouvermann.*
(hoch 1 fuſs 6¾ zoll, breit 2 fuſs ½ zoll.)

198) *Eine landschaft von unbekannter hand.*
(hoch 1 fuſs 3 zoll, breit 2 fuſs 3 zoll.)

199) *Madonna mit dem kinde, von Abraham Bloemaert.*
(hoch 2 fuſs 6½ zoll, breit 2 fuſs 2 zoll.)

200) *Versuchung des heiligen Antonius, angeblich von Ludow. Carraccio.*
(hoch 8¼ zoll, breit 6 zoll.)

201) *Bauern in einer landschaft mit gebäuden, von Teniers.*
(hoch 7 zoll, breit 6 zoll.)
Von seinen sogenannten Après soupers.

202) *Landschaft von unbekannter hand.*
(hoch 4¾ zoll, breit 6½ zoll.)

203, 204) *Zwei bildnifse eines mannes und einer frauen, in Hollbeins style.*
(hoch 6½ zoll, breit 5½ zoll.)

205) *Ein alter bauer, der sein weib umarmt, von Sachtleven.*
(hoch 4⅓ zoll, breit 5½ zoll.)

206) *Ein geizhals, dem der tod auf der violine vorspielt, von Frank.*
(hoch 6½ zoll, breit 5 zoll.)
Oft wiederholtes sujet.

207) *Schweineschlachten, von Adrian Ostade.*
(hoch 7 zoll, breit 6 zoll.)
Voller geist.

208, 209) *Zwei aussichten auf eine stadt am waſser, von Peters.*
(hoch 9½ zoll, breit 1 fuſs 1½ zoll.)

210) *Bildnifs eines malers, der ein anderes bildnifs in der hand hält, von einem unbekannten meister.*
(hoch 1 fufs 2 zoll, breit 11½ zoll.)

211) *Schaafe mit landschaft und architektur, von van der Does.*
(hoch 11 zoll, breit 1 fufs 1½ zoll.)

212) *Ein stall mit ochsen, von Wilm Romyn.*
(hoch 1 fufs ½ zoll, breit 1 fufs 6 zoll.)

213) *Figuren von Calot.*
(hoch 11 zoll, breit 1 fufs 3 zoll.)

214) *Landschaft mit gebürge, von unbekannter hand.*
(hoch 8½ zoll, breit 1 fufs ¾ zoll.)

Sechstes zimmer.

Vorzimmer zu der wohnung der dame vom hause.

215) *Der Sturz der engel, von Sebastian Ricci.*
(hoch 3 fufs ½ zoll, breit 2 fufs 2½ zoll.)

Kühn! — zu kühn! —

216) *Landschaft mit figuren aus Guaspre Poufsins Schule.*
(hoch 2 fufs 3½ zoll, breit 3 fufs.)

Guaspre Poufsin hat aufserordentlich viele nachfolger gefunden. Die bekanntesten darunter sind Orizonte, Glauber, Caulitz aus Berlin, Tempestino, und Beich. Ich gestehe es gern, dafs es mir schwer wird, diese manieren alle mit zuverläfsigkeit von einander zu unterscheiden.

217) *Eine andere von eben der hand.*
(Pendant des vorigen bildes.)

218) *Landschaft von Weitsch.*
(hoch 3 fufs 1 zoll, breit 4 fufs 1 zoll.)

219) *Landschaft mit jagenden reutern, von unbekannter hand.*
(hoch 2 fufs 4¾ zoll, breit 3 fufs 3½ zoll.)

220) *Blumenkranz um ein marienbild, von Daniel Seegers.*
(hoch 2 fufs 6 zoll, breit 1 fufs 10½ zoll.)

221) *Der thurm zu Babel, mit figuren von van Troyen.*
(hoch 1 fufs 3 zoll, breit 1 fufs 7¾ zoll.)

Siebtes zimmer.
Schlafgemach.

222) *Ein kruzifix, von Vandyk.*
(hoch 1 fufs 2½ zoll, breit 8½ zoll.)

223) *Kopie nach der Madonna von Correggio in dieser sammlung, in saepia von Seidelmann in Dresden.*
(hoch 1 fufs, breit 9¾ zoll.)

Achtes zimmer.
Schreibgemach des herrn vom hause.

224) *Ein alter Mannskopf, von Ferdinand Bell.*
(hoch 2 fufs 3 zoll, breit 1 fufs 11¾ zoll.)

Sehr brav!

225) *Rubens als jäger, von Vandyk.*
(hoch 1 fufs 2¾ zoll, breit 1 fufs 9¼ zoll.)

Ein sehr interefsantes stück. Rubens führt einen hund am leit in einer landschaft, in deren hintergrunde andere jäger eine koppel von jagdhunden führen. Vandyk hat es gemalt und die gröfsere ähnlichkeit, welche das stück mit denen seines meisters hat, läfst vermuthen, dafs es zu einer zeit verfertiget worden sei, wo er die Rubensische schule noch nicht verlafsen hatte.

226) *Der heilige Petrus betend, auf halben leib.*
(hoch 2 fufs, breit 1 fufs 7$\frac{1}{8}$ zoll.)

Die kecke behandlung des pinsels scheint den meister sicher anzudeuten. Farbe und form könnten sonst eher auf den Albano schliefsen lafsen. Ist es vom Guido, so ist es aus seiner kräftigsten zeit.

227) *Bildnifs eines geharnischten soldaten, von Bourguignone.*
(hoch 2 fufs 3 zoll, breit 1 fufs 10$\frac{1}{2}$ zoll.)

Hat die angabe ihre richtigkeit, so ist dies bild eine seltenheit.

228) *Der heilige Petrus, angeblich von Jakob Jordaens.*
(hoch 2 fufs $\frac{1}{2}$ zoll, breit 1 fufs 7$\frac{1}{4}$ zoll.)

229) *Stilleben, von Steenwyk.*
(hoch 1 fufs 2$\frac{1}{2}$ zoll, breit 1 fufs 2$\frac{1}{2}$ zoll.)

Der nahme des meisters steht darauf.

230) *Heiliger Hieronymus in der wüste, von Salvator Rosa.*
(hoch 1 fufs 8 zoll, breit 1 fufs 3 zoll.)

Skizze voller feuer.

231) *Mannsportrait, im styl von Mierefeldt.*
(hoch 2 fufs 4 zoll, breit 1 fufs 11$\frac{1}{2}$ zoll.)

232) *Lustige bauerngesellschaft, im styl von Steen.*
(hoch 2 fufs 3$\frac{1}{4}$ zoll, breit 3 fufs 1$\frac{1}{2}$ zoll.)

Es ist sicherlich nicht von Steen, hat aber etwas von seinem und Molinaers style.

233) *Bildnifs eines Chinesers, von Juel.*
(hoch 1 fufs 6$\frac{1}{2}$ zoll, breit 1 fufs 2$\frac{1}{2}$ zoll.)

234) *Bettlergesellschaft, von P. de Bloot.*
(hoch 1 fufs 4$\frac{1}{2}$ zoll, breit 2 fufs 3 zoll.)

Auf dem bilde steht der nahme dieses mir sonst nicht bekannten meisters mit der jahrszahl 1628 oder 1638. Man sagt, seine stücke würden in Hol-

Holland sehr geschätzt. Wenn sie diesem hier gleichen, so verdienen sie diese achtung. Es ist voller humor gedacht und mit vielem geist gezeichnet. Der ton der farbe ist klar, harmonisch und angenehm.

235) *Bildniſs eines generals. Kniestück grau in grau gemalt, von Lairefse.*
(hoch 1 fufs 7 zoll, breit 1 fufs 5¼ zoll.)

Gang und treppenstuhl.

236) *Madonna mit dem kinde, von Lenz.*
(hoch 2 fufs 8 zoll, breit 3 fufs 6 zoll.)

237) *Todtes wildprett, von Johann Fyt.*
(hoch 4 fufs 7 zoll, breit 3 fufs 8 zoll.)

238) *Eine kopie von dem jüngern herrn Weitsch in Braunschweig, nach einer schlafenden Venus mit dem Satyr in Salzdahlen, von Backer.*
(hoch 3 fufs 4½ zoll, breit 4 fufs 5 zoll.)

239) *Ein bildniſs aus der Niederländischen schule.*
(hoch 1 fufs 8 zoll, breit 1 fufs 4½ zoll.)

240) *Heiliger Franziskus, von Lanfrank.*
(hoch 3 fufs, breit 2 fufs 3 zoll.)

241) *Bildniſs von Pfeil.*
(hoch 3 fufs, breit 2 fufs 1½ zoll.)
Hat etwas vom styl des Tintoretto.

242) *Damenportrait, von Giorgione.*
(hoch 2 fufs 8 zoll, breit 2 fufs 6 zoll.)
Sehr retuschirt.

243) *Der heilige Benedikt in Entzückung. Skizze zu einem altargemälde, von Benedetto Lutti.*
(hoch 3 fufs 1 zoll, breit 2 fufs 4 zoll.)

244, 245) *Europa und Asia: angelegte bilder von Rubens.*
(hoch 4 fufs, breit 3 fufs 4 zoll.)

246) *Frau mit einem kinde, von Hulsmann.*
(hoch 3 fufs 11 zoll, breit 3 fufs 8 zoll.)
Der künstler lebte in Kölln.

247) *Der engel erscheint den hirten bei nacht, angeblich von Berghem*
(hoch 1 fufs 10 zoll, breit 2 fufs 4¾ zoll.)

248) *Viehstück mit landschaft. Schule Berghems.*
(hoch 1 fufs 10 zoll, breit 2 fufs 6¾ zoll.)

249) *Hiob auf dem misthaufen, aus Rembrandts schule.*
(hoch 1 fufs 10 zoll, breit 2 fufs 2¼ zoll.)

250) *Salomons götzenanbetung, von Franz Frank dem älteren.*
(hoch 2 fufs 3 zoll, breit 1 fufs 7¼ zoll.)

Einige bemerkungen über den älteren und jüngeren Frank. Es gibt der Franken sehr viele und es ist schwer, sie von einander zu unterscheiden. Der beste, den ich kenne, unterschreibt sich Franz Frank in., welches wohl so viel als junior heifsen kann. Von diesem habe ich kürzlich in Braunschweig bei dem herrn oberjägermeister von Siersdorf ein stück gesehen, welches die gröfste bewunderung erregt. Es stellt eine allegorie von den folgen der tugend und des lasters vor. Der reichthum von erfindung und der fleifs der ausführung übersteigen alle vorstellung. Ich glaube, es sind über 300 figuren auf diesem bilde und eine unzählige menge von beiwerken. Die figuren ungefehr einen halben schuh lang, haben sehr abwechselnde und zum theil sehr reizende köpfe und gestalten. Das kolorit ist sehr hell und hat an einigen stellen gelitten, indem das roth, defsen er sich zum fleisch bedient hat, ausgeblichen ist. Die zeichnung ist ziemlich richtig: doch bleibt in diesem stücke viel zu wünschen übrig. Die kinder und weiber sind sehr schön. Die anordnung ist schlecht; ohne ordnung und doch symmetrisch. Die luft- und linienperspektive sind nicht beobachtet. Die figuren stehen in reihen übereinander. Die würkung des helldunkeln fehlt.

Das bild, welches wir gegenwärtig vor uns haben, ist von dem ältern Franz Frank. Harte kontouren, gelblicher glasartiger ton unterscheiden diesen meister.

251) *Spielende kinder, grau in grau, ein thürstück, von Busch.*
(hoch 2 fuſs 6 zoll, breit 4 fuſs 6 zoll.)
252) *Landschaft aus Rembrandts schule.*
(hoch 3 fuſs 4 zoll, breit 4 fuſs 8¼ zoll.)
253) *Apollo krönt einen poeten, nach Andrea Sacchi.*
(hoch 2 fuſs 4 zoll, breit 1 fuſs 11 zoll.)
254) *Christus als kind lehrt im tempel, von G. van den Eckhout.*
(hoch 2 fuſs 6⅔ zoll, breit 1 fuſs 9 zoll.
Die köpfe haben ausdruck: die würkung des lichts ist pickant.
255) *Die taufe Christi mit vielen figuren, von Cornelius von Harlem.*
(hoch 2 fuſs 2½ zoll, breit 4 fuſs 3 zoll.)
Sehr kräftig gemalt.

256) *Stillleben, von de Heem.*
(hoch 3 fuſs 4 zoll, breit 4 fuſs 5 zoll.)
257) *Hirtenanbetung, von einem unbekannten Italiener.*
(hoch 3 fuſs 1 zoll, breit 4 fuſs.)

Neuntes zimmer.
Speisegemach an der Erde.
258) *Ein Mannskopf mit zwei händen, von Viktor.*
(hoch 2 fuſs 11⅔ zoll, breit 2 fuſs 7½ zoll.)
259) *Eine landschaft von Moucheron.*
(hoch 3 fuſs 9¼ zoll, breit 3 fuſs 4 zoll.)
260) *Viehstück mit landschaft, von Bent.*
(hoch 2 fuſs 11¼ zoll, breit 2 fuſs 5 zoll.)
261) *Noch eine landschaft von Moucheron.*
(hoch 2 fuſs 4⅓ zoll, breit 2 fuſs 7⅓ zoll.)
262) *Eine landschaft, wald, von Regner de Vries.*
(hoch 1 fuſs 6½ zoll, breit 3 fuſs 1 zoll.)
263 *Fische von unbekannter hand.*
(hoch 3 fuſs 1¼ zoll, breit 2 fuſs 8¼ zoll.)

264) *Landschaft von Ruysdael.*
(hoch 1 fufs 7¼ zoll, breit 2 fufs 1½ zoll.)

Flache gegend mit einem bache im vorgrunde, worüber ein steg geht. Darauf folgt ein kornfeld, das noch halb auf dem halme, halb aber abgemäht in hocken steht: dann eine anhöhe mit etwas busch und im hintergrunde eine aussicht auf ein dorf. Zum verlieben anziehend! man bemerkt wieder an diesem stücke, dafs Ruysdael gern sein höchstes licht tief in das gemälde hineinfallen liefs, um den hintergrunde dadurch eine gröfsere entfernung zu geben. Hier fällt es auf das gelbe kornfeld, und macht das ganze sehr pickant. Inzwischen prädominirt auch hier der finstere grüne ton.

265) *Mondschein von Momper.*
(hoch 1 fufs 11¾ zoll, breit 3 fufs ¼ zoll.)

Bemerkung über einige der älteren Niederländischen landschaftsmaler.

266) *Landschaft von Vinkenbooms.*
(hoch 1 fufs 6½ zoll, breit 2 fufs 6¾ zoll.)

Es gehört ein geübtes auge dazu, die ältern landschaftsmaler, Gyzens, Vinkenboom, Brill, Savery, Momper, den älteren Breughel und den älteren L. von Uden von einander zu unterscheiden. Alle haben hohe horizonte, gebürge, felsen und weite aussichten gewählt, die stämme ihrer bäume in willkührliche formen gedrehet, unverhältnifsmäfsig grofse blätter gemalt, und die luftperspektive vernachläfsigt.

Inzwischen ist Savery wieder zu erkennen, an seinen thieren, die er gern anbrachte, an seinen gelbgrauen vorgründen und blauen fernen: Momper an seinem braunen finstern tone und gleichsam schraffirten staffagen: Brill an seinem hellbläulichem tone: L. von Uden der ältere an seinen punktirten blättern und hellgrünem tone. Vinkenboom hat gern biblische geschichten in seinen landschaften angebracht und ist mehr ins finstere grüne gefallen. In Breughels landschaften trift man gemeiniglich bauerngesellschaften an u. s. w. Die übung wird das auge am sichersten bei der unterscheidung dieser meister führen, inzwischen mufs ich die besorgnifs äusern, dafs der blofse liebhaber des schönen schwerlich die mühe belohnt finden wird, die er daran wenden mufs, diese verschiedenen style von einander aus kennen zu lernen.

ÜBER

DIE KUNST,

DAS

SCHÖNE IN DEN GEMÄLDEN

DER

NIEDERLÄNDISCHEN SCHULE

ZU SEHEN.

Ueber die kunst,
das schöne in den gemälden der Niederländischen schule zu sehen.

Die gemäldesammlung des freiherrn von Brabek enthält sehr viel schätzbare stücke, sowohl aus der Italienischen als Niederländischen schule. Inzwischen macht die zahl der letzten bei weitem den beträchtlichsten theil aus. Es scheint daher hier der ort zu seyn, meine bemerkungen über den werth dieser schule und die art, wie sie angesehen werden mufs, auseinander zu setzen.

Mich dünkt, man ist bei bestimmung dieses werths bisher auf beiden seiten zu weit gegangen. Die einen haben den gemälden der Niederländer den rang schöner kunstwerke ganz absprechen wollen: die andern haben die sklavischen nachäffungen der gleichgültigsten gegenstände in der natur, welche sich die Niederländer oft haben zu schulden kommen lafsen, den geistvollesten und wahresten nachbildungen des menschen und seiner schicksale von der hand berühmter Italiener vorgezogen.

Beide abwege sind gefährlich. Schliefsen wir die Niederländischen gemälde ganz von dem vorrechte aus, uns gefallen zu dürfen, so sind wir bewohner des nördlichen Europas, bei denen gute Italienische gemälde höchst selten angetroffen werden, des genufses der mahlerei beinahe völlig beraubt.

Auf der andern seite widerspricht es allen begriffen von sittlicher würde, wenn wir dem treu dargestellten kefsel oder besenstiel eben das recht uns zu gefallen einräumen wollen, welches wir der transfigurazion von Raphael nicht bezweifeln können.

Mich dünkt, man mufs bei beurtheilung von gemälden die verschiedenen gesichtspunkte, woraus sie angesehen werden können, wohl unterscheiden. Will man solche, die bereits vor jahrhunderten verfertigt sind, blos anschauen, und das vergnügen, welches sie uns machen, vor sich selbst und andern rechtfertigen, so erhält das urtheil über ihre vorzüge eine ganz andere bestimmung, als wenn man sie in der rücksicht untersucht, ob sie als vorbilder für den angehenden künstler aufgestellet werden können.

Der liebhaber, der in eine galerie tritt, mufs diese beiden ganz verschiedenen standpunkte nicht vergefsen, wenn er über die darin befindlichen gemälde urtheilen will. Ist er kein feind seines eigenen vergnügens und des vergnügens anderer, so wird er die gränzen seines genufses so weit als möglich auszudehnen suchen. Gerechtigkeit und liebe scheinen ihm dies zu gebieten, und ich glaube, je aufgeklärter, um desto nachsichtiger wird er in seinem urtheile über dasjenige seyn, was berechtigt ist, ihn und andere beim anblick zu erfreuen. Inzwischen hat diese nachsicht allerdings ihre gränzen.

Die werke der malerei sollen so wie die aller schönen künste, wohlerzogenen menschen eine ergötzung zuführen, die mit ihrer sittlichen würde im verhältnifse steht. Offenbare unwahrheit, gänzlicher mangel an bedeutung, grobe unanständigkeit u. s. w. sind offenbar von dem gebiet der malerei als schönen kunst ausgeschlofsen. Damit der beschauer vor sich selbst und andern das vergnügen rechtfertigen könne, welches ihm ein gemälde macht, mufs dies nothwendig das wesentliche von demjenigen enthalten, was man von einem schönen kunstwerke der malerei, als schönen kunst betrachtet, zu erwarten berechtigt ist.

Wesentlich zu einem schönen gemälde ist nicht so wohl die wahl eines Interefsanten gegenstandes in der natur, als vielmehr die behandlung, wodurch auch derjenige gegenstand, der in der würklichkeit meine aufmerksamkeit gar nicht auf sich ziehen würde, auf eine art dargestellt wird, welche den zuschauer an die darstellung anzieht.

Jene sogenannten stilleben, jene vorstellungen von geräthschaften, todtem vieh, decken und früchten sind nicht schlechterdings von dem gebiet der schö-

schönen malerei ausgeschlofsen, wenn sie mit dem geiste eines Maltese, Weeninx, Fyt und de Heem dargestellt werden. Die magie der farben und des helldunkeln, und noch mehr jener genius, der das unbedeutende auf eine solche art zusammenzustellen, zu ordnen und zu bilden weifs, das der beschauer beschaffenheiten daran wahrnimmt, die ihm in der natur entschlüpft waren: diese sind es, welche solche sujets völlig würdig machen, der schönen kunst anzugehören. Hingegen können die interefsantesten gegenstände ohne geist, mit sklavischer nachäffung dargestellt, niemals anspruch auf den beifall des aufgeklärten beschauers haben.

Wesentlich zu einem schönen gemälde ist ferner wahrheit in demjenigen, worin die malerei hauptsächlich wahr zu seyn sich bestreben mufs: Im ausdruck der seele, in den veränderungen, welche entweder ihr karakter oder ihre bestimmte thätigkeit an den äusern formen des körpers hervorbringt: in der zeichnung wenigstens bis zu dem grade, dafs keine auffallende inkorrekzionen das auge beleidigen: im kolorit gleichfalls bis zu dem grade, dafs wenigstens bei der vergleichung der gegenstände im bilde unter einander ein jeder die farbe hat, die ihn in der natur von andern gegenständen unterscheidet: Endlich in der beleuchtung; die gegenstände müfsen wenigstens rund seyn, von der tafel sich abheben und das entfernte mufs von dem näherstehenden zurückweichen.

Wo der liebhaber diese stücke in einem gemälde antrift, es mag nun dieses ein stillleben oder eine kreutzigung, oder einen marktschreier vorstellen, da ist er berechtigt, das werk für ein schönes kunstwerk zu halten, welches mit recht seinen platz in jeder galerie behauptet, und bei defsen anblick sich niemand einen vorwurf über das vergnügen zu machen hat, das es hervorbringt.

Hingegen wenn das sujet auch noch so interefsant wäre, wenn der künstler eine noch so schöne idealgestalt zusammenzusetzen sich bestrebt hätte, und die behandlung wäre ohne geist und wahrheit; so verdiente das bild schlechterdings seine aufmerksamkeit nicht, sondern würde aus jeder galerie herauszuwerfen seyn.

Inzwischen ist es keinem liebhaber zu verdenken, wenn er eine klafsifikazion unter den werken der malerei vornimmt, und einige für schöner und seiner aufmerksamkeit und liebe würdiger als andere hält. Es ist ihm auch nicht zu verdenken, wenn er dabei sowohl auf die gattung der dargestellten gegenstände, als auf des künstlers bestreben, zu verschönern, rücksicht nimmt. Wo das wesentliche zu einem gemälde in den darstellungen verschiedener gegenstände in gleicher maafse beobachtet ist, da steht natürlicherweise das stilleben auf der untersten stuffe. Nicht viel höher stehen blumen, früchte, kräuter und insekten. Nur um ein weniges höher kann man die vorstellungen von geflügel setzen. Diese gegenstände lafsen zu wenig vergleichung mit der form des menschen zu, sind eines zu geringen ausdrucks, einer sie bewegenden und aus ihnen hervorgehenden seele fähig, als dafs sie die seele des beschauers in eine wohlgefällige thätigkeit setzen sollten. Dagegen sind die vorstellungen vierfüfsiger thiere viel höher geschätzt. Denn ihre form läfst schon eher eine beurtheilung von schönheit zu, nach analogie defsen, was wir von ihren bestandtheilen am menschen bemerken; wir legen ihnen eher einen bestimmten karakter nach der äusern form ihrer gestalt, und eine bestimmte thätigkeit der seele nach ihren gebärden bei: und endlich stehen diese thiere mit unsern bedürfnifsen, belustigungen und schicksalen, in genauerer verbindung.

Inzwischen wird der thiermaler, wenn er nicht zu gleicher zeit landschaftsmaler ist, dem landschafts- und historienmaler nicht gleich geachtet, und die künstlergeschichte erzählt uns, dafs ein mittelmäfsiger Holländischer geschichtsmaler seine tochter einem geschickten thiermaler darum verweigert habe, weil er einen zu grofsen abstand zwischen seiner bestimmung und der des liebhabers seiner tochter fand.

Die landschaft und der mensch sind diejenigen gegenstände, welche berechtigt scheinen, den sinn des schönen, von dem aufgeklärtesten mann an bis zu dem rohesten herunter, auf eine beträchtliche art in bewegung zu setzen.

Die ländliche natur steht mit unsern sittlichen empfindungen im genauesten verhältnifse. Wir glauben, ein gutgesinnter mensch müfse nothwendig an schönen gegenden gefallen finden. Die landschaft nimmt den bestimmten karakter einer affektvollen stimmung an, und vermag so wie die tonkunst die seele ihres beschauers zur trauer und zur freude, zur feier und zur heitern unbefangenheit einzuladen. Die landschaft wird von keiner andern kunst so vollständig, wie von der malerei dargestellt: sie hat aufserdem den vortheil, dafs die varietät von gestalten, farben, hellen und dunkeln partien, die man in ihr antrift, sie zur malerischen würkung besonders geschickt macht. Dazu kömmt endlich noch dies, dafs der beschauer in eine landschaft vermöge der einbildungskraft sein eigenes ich hineinversetzt, in ihren weiten aussichten herumirrt, sich in die schatten ihrer bäume lagert, die würkungen ihrer luft empfindet, und den duft ihrer produkte einathmet. Diese analogische bewegung, dieser analogische genufs geben der landschaft einen vorzug, den vielleicht kein anderes sujet der malerei zu erreichen im stande ist.

Demohngeachtet interefsirt uns die darstellung des menschen, seiner sitten und vorfälle noch mehr als die landschaftsmalerei. Denn, sagt einer unsrer gröfsten schriftsteller, (*) mit dem menschen haben wir doch von dem ersten augenblicke unsers bewufstseyns am meisten zu thun, mit ihm verbinden uns unsere bedürfnifse am genauesten, auf ihn macht uns unsere natur am öftersten aufmerksam. Geschäfte und vergnügungen, alles wodurch wir begriffe bekommen oder gewifse neigungen annehmen, beziehen sich nur auf menschen, oder werden mit ihnen gemeinschaftlich unternommen und genofsen. Also müfsen von keiner sache in der natur so viele elemente und ideen vorhanden, auf keine mufs unsere neugierde mehr gerich'et seyn, zu keiner erkenntnifs mufs so viel anlage und so viel bedürfnifs in uns liegen, als zu der kenntnifs des menschen. Man hat daher mit recht der darstellung defselben den vorzug vor allen gegenständen gegeben, welche den pinsel beschäftigen können. Inzwischen sind hierbei zwei bemerkungen nicht aus der acht zu lafsen. Die erste, dafs es nicht sowohl der mensch als mensch ist, der uns in der darstellung interefsirt, als vielmehr das interefse, was wir an der besonderen lage, worin er geschildert ist, nehmen, welches den nachbildungen des menschen den höchsten rang unter den gegenständen der malerei anweiset.

Die zweite bemerkung ist diese, dafs die geschicklichkeit des künstlers, der höhere aufwand von geisteskräften, den er bei der hervorbringung eines

(*) Garve gedanken über das interefsirende.

gewifsen gegenstandes hat machen müfsen, allemahl neben dem interefse an der darstellung selbst, bei der klafsifikazion der gemälde nach den gegenständen, die sie darstellen, in betracht kömmt. Das bildnifs einer bestimmten person kann in ansehung des allgemeinen vergnügens, welches alle wohlerzogene menschen an der beschauung eines gemäldes nehmen sollen, wenn es auch von einem Vandyk und eines seiner meisterstücke wäre, mit einer eben so meisterhaft gemalten, aber an erfindung reichern landschaft eines Claude le Lorrain nicht verglichen werden. Jenes ist treue nachahmung eines durch blofsen scharfsinn mit allen seinen eigenthümlichkeiten zu erkennenden gegenstandes. Mehr als aufmerksamkeit braucht auch der beschauer nicht, um es vollständig zu geniefsen. Hingegen um eine landschaft zusammenzusetzen, welche die einbildungskraft des beschauers spanne, und sein herz mit ins interefse ziehe, um die veränderungen anzuheften, welche die beweglichen kräfte der natur auf ihre produkte hervorbringen, bedarf es eines schaffenden geistes in dem künstler, und eines für veredelte gefühle gebildeten geistes in dem beschauer.

Ein bildnifs steht daher unter der landschaft, die als eine schöpfung zu betrachten ist. Dagegen gibt es auch landschaften, die blos bildnifse würklicher gegenden sind, und diese werden mit den bildnifsen würklicher menschen in eine klafse gesetzt werden können. Immer aber wird dabei vorausgesetzt, dafs das wesentliche der kunst in diesen mit einander verglichenen arten von kunstwerken in gleichem grade beobachtet sei. Denn wenn geist und wahrheit der landschaft und dem bildnifse fehlen, so steht das geringste stilleben, welches diese eigenschaften an sich trägt, über jene. Ein blumenstück von de Heem ist ein schöneres werk der schönen künste, als ein bildnifs oder eine landschaft von einem stümper. Aber gleichheit in dem wesentlichen zu einem schönen werke der schönen künste vorausgesetzt, ist nunmehro in steigender proporzion immer dasjenige gemälde das schönere, defsen sujet einen höhern aufwand von geistesgaben und besonders von einbildungskraft und herz bei der behandlung voraussetzt, und zu gleicher zeit in genauerer beziehung mit unsern edleren neigungen steht.

Wenn die wahl der gattung von gegenständen, die der künstler darstellt, auf das urtheil des beschauers über den höhern werth eines gemähldes mit recht einfluſs hat; so muſs natürlicherweise die wahl des individuums, welches der künstler aus jener gattung zur darstellung aushebt, bei der wührung seines kunstwerks gleichfalls in anschlag kommen. Es kann nicht gleichgültig seyn, ob der künstler eine gegend gewählt hat, die schon in der natur die aufmerksamkeit spannt, ob er ein günstiges licht, eine glückliche würkung des wetters abgewartet hat, um die ländliche natur wärmer, lebendiger, beseelter darzustellen, oder ob er ohne auswahl jeden erdstrich jeden moment der nachbildung werth gehalten hat. Eben so wird es sich mit dem menschen verhalten. Es muſs interefsanter seyn, menschen von schöner gestalt, als von häfslicher, in affekt als in ruhe abgebildet zu sehen: noch interefsanter aber, jene menschen und diese affekten einer bekannten begebenheit beilegen zu können, die bereits auſser dem bilde unserer aufmerksamkeit werth gewesen ist. Ja! es muſs am aller interefsantesten seyn, wenn der künstler uns nun gar solche gegenden, solche würkungen der naturkräfte, solche menschengestalten, solche äuſserungen von affekten zusammensetzt, dergleichen wir in der würklichen natur anzutreffen verzweifeln müssen, so heftig auch die begierde durch die darstellung im bilde wird, sie in der würklichkeit zu erblicken.

Es ist ganz und gar nicht zu leugnen, daſs die verschönerung des würklichen theils durch die wahl desjenigen, was in der natur angetroffen, bereits unsere aufmerksamkeit fesseln und das gefühl des schönen erwecken würde, theils durch idealisirung oder zusammensetzung des einzelnen würklichen zu einem ganzen, wie es in der natur gar nicht angetroffen wird, unsers vorzüglichsten dankes bei einem bereits vorhandenen kunstwerke werth sei.

Aber es sind dabei einige grundsätze festzusetzen, welche auf vernunft und erfahrung beruhen und deren vernachläfsigung sowohl dem wesen der kunst als unserm vergnügen nachtheilig werden kann.

Erstlich: Alle jene zugaben sind vortreflich, wenn nur nicht das wesentliche zur malerei darüber aufgeopfert wird. Die interefsanteste situazion, die merkwürdigste begebenheit, die schönste würkliche und idealisirte gestalt verdienen nur in so fern unsere achtung, als sie durch zeichnung, farbe, ründung auffallend wahr erscheinen. Beim mangel dieser stücke ist ein stillleben von Maltese oder de Heem der nachäffung der geschichte des Scipio, des Golfo von Neapel, oder des Apollo von Belvedere ohne allen streit vorzuziehen.

Zweitens: Man verschönert in unzähligen fällen blos dadurch, dafs man das ganz gewöhnliche, dasjenige, was in der würklichkeit uns ganz ungerührt gelafsen haben würde, mit zweckmäfsiger wahrheit im bilde zeigt. Dies ist der fall mit nachbildungen der ländlichen natur und solcher vorfälle aus dem gemeinen leben, die mit unsern sittlichen gefühlen im verhältnifse stehen. Dadurch dafs diese gegenstände auf dem tuche dargestellt, durch den rahmen von andern abgesondert werden, spannen sie unsre aufmerksamkeit auf eine art, wie sie uns in der würklichkeit ihrer häufigen wahrnehmung wegen unter gewöhnlichen umständen nicht mehr rühren können.

Man kann diese erfahrung an sich selbst machen, wenn man lange in einer gemäldegalerie herumgegangen ist und dann wieder ins freie kömmt. Alles sieht man alsdann in rahmen gefafst, alles mit einem ungewöhnlichen reize von form, farbe und beleuchtung bekleidet. Man erblickt keine mutter mit ihrem kinde auf dem schoofse, ohne eine gruppe von angenehmer form und ausdruck darin zu finden: keinen baum, der uns nicht durch die mafsen und gestalt seiner blätter, äste und seines stammes, werth schiene abgemalt zu werden. Kurz! man macht aus den gewöhnlichsten vorfällen des gemeinen lebens ein historisches, aus den gewöhnlichsten gegenden ein landschaftsgemälde.

Drittens: Man verschönert keinesweges allein dadurch, dafs man die gestalt der körper reizender macht, oder gar bis zur regelmäfsigen schönheit hebt; es sei, dafs man körper, welche diese vorzüge in der natur an sich tragen, zur darstellung auswählt, oder sie idealisirt; Nein! man verschönert jedesmahl, wenn man dem gegenstande im bilde reize beilegt, die er in der natur nicht gewöhnlich zu haben pflegt, oder gar nicht haben kann. Zu solchen reizen zählt man mit recht den zauber des helldunkeln und des farbenspiels. Es ist unstreitig gewifs, dafs häfsliche gegenstände in der natur, wenn sie nur nicht eckelhaft sind, z. e. alte weiberköpfe, durch ein schönes kolorit und durch schöne beleuchtung im bilde, das gefühl des schönen erwecken können.

Viertens: Man verschönert keinesweges unbedingt dadurch, dafs man solche idealische körper, wie sie die bildhauerkunst liefert, selbst mit wahrheit im gemälde darstellt. Da die malerei den ausdruck einer thätigen seele mit gröfserer vollständigkeit liefern kann, als jede andere kunst, die sich blos durch sichtbare stillstehende gestalten mittheilt; so ist der pathologische ausdruck für sie viel wesentlicher als der blofse physiognomische, oder auch die eigentliche schönheit des todten körperbaues. Aufserdem aber, dafs theils diese letzte schönheit der wahrheit des pathologischen ausdrucks in unzähligen fällen aufgeopfert werden mufs; so lafsen sich auch gar keine weitläuftigeren dramatischen komposizionen aus lauter idealgestalten zusammengesetzt denken, ohne in den fehler der gröfsten und abschmeckendsten einförmigkeit zu fallen.

Fünftens: Es ist unstreitig gewifs, dafs da, wo man auf hervorbringung schöner gestalten absichtlich ausgeht, der reiz und das ausdrucksvolle der regelmäfsigen schönheit, wie sie die bildhauerkunst zusammensetzt, völlig das gleichgewicht zu halten im stande sei.

Sechstens: scheint es ein sehr gefährlicher grundsatz zu seyn, wenn man von der malerischen darstellung alle diejenigen begebenheiten, vorfälle und lagen im menschlichen leben ausschliefsen will, die bei dem übertriebcn empfindsamen liebhaber etwa schmerzhafte erinnerungen aufregen, oder dem eben so übertrieben eckeln beschauer veranlafsung geben können, sich etwas unanständiges dabei vorzustellen. Endlich scheinen diejenigen besonders zu weit zu gehen, welche schlechterdings nur an solchen darstellungen vergnügen finden wollen, die interefsante begebenheiten der vorzeit liefern: die schlechterdings wifsen wollen, welchen bekannten menschen und welche seiner bekannten lagen und verhältnifse das gemälde schildere. Wie allgemein wichtig können nicht jene familienszenen, jene äuserungen der geselligkeit und der liebe seyn, zu deren allgemeiner verständlichkeit und interefse es weiter nichts als eines gesunden auges und herzens bedarf! Ich kann hier den beweis dieser sätze nicht theoretisch führen, ich kann hier nicht zeigen, wie ganz verworrene begriffe über schönheit und die verwechseln der verschiedenen forderungen, welche man an bildhauerkunst und malerei zu machen berechtigt ist, die neueren beurtheiler der malerei irre geleitet haben, wenn sie verschönerung, es sei durch auswahl oder idealisirung der gegenstände malerischer darstellung, als nothwendige bedingung unsers vergnügens an gemälden festgesetzt haben.

Praktisch aber will ich hier meine bemerkungen mit einigen beispielen unterstützen, und übrigens auf ein werk verweisen, welches zu gleicher zeit mit diesem unter dem titel Charis oder über das schöne in den nachbildenden künsten, erscheinen wird.

Dafs es gewifs nicht einmahl einer reizenden, vielweniger einer gestalt von idealisch regelmäfsigem körperbaue bedürfe, um uns sogar die einzelne figur des menschen im gemälde als schön erscheinen zu lafsen; darüber berufe ich mich auf so manche bildnifse von Tizian, und selbst von Raphael, woran die magie des farbenspiels, der beleuchtung, und die darstellung des individuellen karakters, das schöne ausmachen. Der pabst Julius der zweite war gewifs kein schöner mann, und eben so wenig Paul der dritte. Und doch! welches hohe gefühl des schönen geben nicht die darstellungen dieser köpfe.

Dafs in der malerei selbst da, wo man absichtlich bei einzelnen figuren in ruhe dargestellt darauf ausgeht, das gefühl einer schönen menschengestalt zu erwecken, der reizende körper die ernste schönheit des idealisch regelmäfsigen körperbaues aufwiege; darüber berufe ich mich auf die weiblichen figuren von Correggio, die in der bildhauerkunst gewifs für keine schönheiten gelten könnten.

Dafs in der malerei und zwar bei darstellung einer dramatischen handlung idealisch regelmäfsige oder auch nur reizende gestalten wahrhaftig den mangel des pathologischen ausdrucks so wenig ersetzen, als jene gestalten bei genauer bewahrung dieses ausdrucks vermifst werden; darüber berufe ich mich auf den Plafond von Mengs in der villa Albani und noch mehr auf die werke so vieler seiner schüler, worin die antiken statuen richtig wiedergeliefert sind, und uns kalt und ungerührt lafsen, während das Petrus der märtyrer von Tizian, und sehr viele gemälde von Raphael allgemein und mit recht gefallen, ob die darin dargestellten personen gleich von sehr gewöhnlichen formen sind.

Dafs

Dafs es übertriebene forderungen sind, wenn man dem künstler ästhetisches gefühl abspricht, weil seine darstellungen an körperliche schmerzen oder an vermeintlich unanständige handlungen erinnern; dafs ein neuerer schriftsteller sich höchst verdächtig macht, das wesen der malerei gar nicht zu kennen, wenn er verlangt, die kreuzigung des heiligen Petrus solle nicht gemalt werden, weil der märtyrer der geschichte gemäfs mit dem kopf zu unterst gekreuzigt dargestellt werden mufs, und wenn er behauptet, dafs der augenblick, worin die fromme tochter dem vater, der zum verhungern verurtheilt war, die brust reicht, aufser den gränzen der malerei liege; das alles unterstütze ich mit dem beispiele mehrerer vortreflichen gemälde aus der Italienischen schule, worin eben diese getadelten gegenstände zum vergnügen aller wahren kenner dargestellt sind.

Dafs es endlich eine menge von begebenheiten im menschlichen leben gebe, die allgemein interefsant seyn können, ohne dafs man sie bestimmten personen, unter bestimmten lagen und verhältnifsen beilegen mag; das kann die schöne gruppe des alterthums beweisen, in der zwei uns unbekannte ehegatten sich mit einer treue und mit einer zärtlichkeit umarmen, deren eindruck im geringsten nicht dadurch bei uns gemindert wird, dafs wir nicht wifsen, wer sie sind, wie, wo und warum sie sich umarmt halten.

Sollte sich ein liebhaber diese meine grundsätze zu eigen machen wollen, so würde er beim eintritt in eine galerie sehr bald sein urtheil über die stücke, die er anträfe,' bestimmen können. Alle diejenigen, denen es an geist und wahrheit mangelt, wird er als unwürdig seiner aufmerksamkeit sogleich aus dem range schöner kunstwerke ausschliefsen. Dahin würden denn eben sowohl jene frostigen nachäffungen der natur von der hand der Niederländer gehören, welche das unwesentliche ausgedrückt, und das wesentliche vernachläfsigt haben, als jene bunten platten fechtelmalereien der neueren Italiener, welche entweder ungebändigte phantasien, oder affektirten liebreiz, (oder todte schattenrifse regelmäfsiger idealgestalten liefern. Er wird freilich historischen gemälden, (poetisch zusammengesetzten landschaften den rang vor allen übrigen einräumen, aber er wird doch in dem geringsten stillleben, das mit geist und wahrheit hingezaubert ist, veranlafsung finden, seinen ästhetischen sinn zu nähren. Er wird finden, dafs gewöhnliche vorfälle

O

im gemeinen leben, sogar diejenigen, welche aus den niedrigern ständen entlebnt sind, wenn sie nur nicht in schmutz ausarten, oder eckel erregen, im gemälde interefsant seyn können, wenn sie mit laune und ergreifender wahrheit dargestellt werden. Er wird finden, dafs die ärmste gegend mit geist und treue nachgebildet, uns gefallen müfse, und dafs die zuthat von reichthum der aussicht, von besonders günstiger beleuchtung zwar zur erhöhung unsers vergnügens beitrage, keineswegs aber wesentlich sei, es zu erwecken und zu rechtfertigen.

Er wird endlich finden, dafs wenn auch der idealisch schöne körperbau in der malerei eine hohe stuffe zu ihrer vollkommenheit seyn sollte, diese sich doch nur in einzelnen figuren anbringen lafse,' in vielen fällen von dem reize der formen, des farbenspiels, der beleuchtung und dem pathologischen ausdrucke gänzlich aufgewogen werde, und dafs selbst das häfslichste alte weib mit geist und wahrheit dargestellt, einen anspruch darauf habe, ihm gefühle des schönen zuzuführen, wenn gleich in einem mindern grade.

Bei der vergleichung der Italienischen schule mit der Niederländischen wird er nun der ersten nach allen rücksichten die erste stuffe in der malerei einräumen müfsen. Sie hat eine weit gröfsere anzahl von gemälden aufzuweisen, welche unter reizenden formen einen edeln und wahren ausdruck interefsanter begebenheiten der vorzeit liefern. Sie hat weit mehr einzelne figuren von schöner idealischer form und reizender ansicht geliefert. Allein man glaube nicht, dafs stücke dieser art so gar häufig, besonders in Niederdeutschland angetroffen werden. Und hier nun behaupten zu wollen, dafs das mittelmäfsige von italienischer hand, weil es vielleicht eine entfernte ahndung von idealisch regelmäfsiger gestalt oder einige poetische ideen enthält, den vorzug vor den niederländischen stücken verdiene, welche das wesentliche eines schönen gemäldes liefern, dies ist meiner meinung nach höchst lächerlich.

Die Niederländer haben neben den Italienern allein das vorrecht, einen eigenen styl zu haben. Sie sind original. Sie haben die natur von einer eigenen seite angesehen, und auf eine art, die ihnen ganz allein gehört, wiedergeliefert. Die Franzosen, die Engelländer, die Deutschen haben sich entweder von der natur entfernt, oder sie sind kopisten der Italiener und Niederländer. Aber diese letzten sind wahr und doch originell. Schon dies al-

Iein mufs sie der achtung jedes aufgeklärten kenners werth machen, und dies hat ihnen auch die aufnahme in den berühmtesten galerien von Europa, selbst in Italien gesichert. Nach den übrigen schulen, aufser der Italienischen und Niederländischen frägt man wenig oder gar nichts.

Aufser diesem vorzuge der originalität des styls haben sie auch noch diesen ihnen ganz eigenthümlichen, dafs keine andere schule gesellschafts- und familiengemälde, vorfälle aus dem gemeinen leben, besonders aus den niedern ständen, zum theil mit so vieler anmuth, zum theil mit so viel drolliger laune dargestellt hat.

Wer sieht nicht gern und mit vergnügen die konzerte, die bälle, die ländlichen partien von Terburg, Rubens, Gerhard Dow, Netscher und andern? Wer wird so eckel seyn, den blick von jenen bauernfesten wegzuwenden, die Hemskerk, Teniers und andere mit so vieler wahrheit, mit so vielem feinen bemerkungsgeiste und mit so geistreicher behandlung dargestellt haben? Wenn ein mann von erziehung sich auch nicht grade zwischen sie mischen, und an ihren freuden unmittelbar theil nehmen mögte, so sieht er sie doch nicht ohne interefse in der ferne, auf dem theater und im gemälde.

In der landschaftsmalerei haben die Niederländer so grofse meister aufzuweisen, dafs wenn ich die drei grofsen Männer der italiänischen schule, Poufsin, Rosa und le Lorrain ausnehme, alle übrigen ihnen die waage nicht halten können. Im portrait stellen sie sich den besten Italienern an die seite. Als thier- blumen- und stillebenmaler können sich die Italiener gar nicht mit ihnen mefsen.

Kurz! jemand, der behauptet, dafs die niederländische schule der aufmerksamkeit des liebhabers des schönen gar nicht werth sei, verräth entweder einen höchst eingeschränkten geschmack, oder sehr wenig kenntnifse von dem wesentlichen der malerei. Gemeiniglich ist es der mangel an den letztern, der ihn irre leitet. Es ist mir unzählige mahle wiederfahren, dafs männer, die so viel von idealischer schönheit, und italienischem style geschwazt haben, die elendesten produkte, worin sich (nur eine entfernte ähnlichkeit mit den antiken statuen oder mit der italienischen art zu komponiren zeigte, ja! sogar mittelmäfsige kopien als meisterstücke gepriesen haben.

Wahrheit, wahrheit, das ist das erste, worauf man nebst eigenthüm-
licher darstellung bei einem gemälde zu sehen hat. Dadurch allein kann
ein gegenstand schön werden. Auf verschönerung darf man erst sehen,
wenn das wesentliche erfüllt ist.

Die sache gewinnt freilich ein verschiedenes ansehen, wenn man die
frage dahin aufstellt: ob die Niederländer dem angehenden künstler zur nachfolge empfohlen werden sollen?

Der trieb, sich immer vollkommener zu machen, und den höchsten
grad von ausbildung zu erreichen, den wir nach unsern lagen und verhältnis-
sen erreichen können, ist tief im menschen gegründet. Veredlung unserer
werke nach den begriffen, die wir von verschönerung der würklichkeit haben,
ist davon unzertrennliche folge.

Die Italiener haben diese verschönerung in einem höhern grade erreicht, als die Niederländer. Es kann also keinen zweifel leiden, dafs man
dem jungen künstler, der gelegenheit dazu findet, anrathe, den grofsen mei-
stern in der italienischen schule vorzüglich nachzustreben.

Man hat auch diejenigen, welche in gefahr kommen sollten, eine zu
grofse vorliebe für die Niederländer zu hegen, sorgfältig und mit nachdruck
für ihre fehler zu warnen.

Sie zeichnen oft unrichtig und ihr kolorit ist oft konvenzionell, so sehr
es bei der blofsen vergleichung der gefärbten gegenstände im gemälde unter
einander den schein der wahrheit haben mag. Sie sind bei der wahl ihrer
gegenstände zur darstellung oft ins schmutzige und eckelhafte gefallen. Sie
haben zu wenig sorgfalt auf die wahl der gestalten gewandt, haben sie aus der
trödelbude bekleidet, die hauptsachen oft den nebensachen aufgeopfert, und
sind nicht selten durch gar zu grofsen fleifs ins trockene, ängstliche und
kleinliche verfallen. Diese fehler hat die Italienische schule mehr vermieden;
billig mufs man daher dem jungen künstler anrathen, sich den geist dieser
letzten, in der art die sachen anzusehen und darzustellen, zu eigen zu machen.

Inzwischen darf man nun auch wieder dreist sagen, dafs die zahl Italienischer meister, welche das wesentliche der malerei mit der verschöne-

rung zusammen geliefert haben, gewifs nicht sehr grofs ist. Die übrigen haben sich entweder dieselben fehler vorzuwerfen, in welche die Niederländer gefallen sind, oder sie haben sich eines andern schuldig gemacht, der gewifs noch weniger zu entschuldigen ist: nemlich dafs sie dem triebe nach verschönerung den trieb nach wahrheit aufgeopfert haben.

Ich gebe es zu, dafs sie im durchschnitt alle richtiger zeichnen, als die mehrsten Niederländer; dafs ihr styl gröfser ist, indem sie die sichtbaren gestalten der körper mehr im ganzen als im detail wiederliefern; dafs ihre gedanken poetischer sind, und dafs die bildung des menschlichen körpers in ihren gemälden mehr reiz hat, als die Niederländischen meister ihren figuren zu geben gewohnt sind. Aber einmahl ist die richtige zeichnung zwar ein wesentliches erfordernifs zur wahrheit, sie macht sie aber bei weiten nicht allein aus. Die wenigsten beschauer sind im stande, über die schönheit der zeichnung zu urtheilen. Es genügt ihnen, wenn sie nur nicht durch grobe inkorrekzionen beleidigt werden. Die schönheit des kolorits und des helldunkeln fällt ihnen weit mehr auf, und grade hierin fehlen die mehrsten Italiener. Ihre farbe hat nicht einmahl den vorzug, dafs sie wenigstens durch den kontrast, bei vergleichung der gefärbten körper im gemälde unter einander, wahr sei. Harmonie der farben ist kein gewöhnlicher vorzug der Italiener. Nicht selten liegen ihre körper platt am tuche an, und heben sich nicht von der fläche ab. Vom helldunkeln haben nur sehr wenige einen richtigen begriff.

Nun ist es überhaupt sehr gefährlich, unbedingt solche werke nachzuahmen, welche durch die phantasie des künstlers einen beträchtlichen zuwachs an verschönerung erhalten haben. Nicht selten ahmt man nur das auffallende des zuwachses, den schwung der einbildungskraft nach und vernachläfsigt das wesentliche.

Diese gefahr wird aber noch viel gröfser, wenn man nicht sehr behutsam bei der auswahl seiner originale ist, und vielleicht schon den nachahmer der grofsen meister zum vorbilde nimmt. Alsdann wird man leicht unwahr und kalt, und leider ist dies nur zu sehr der fall mit unsern jungen künstlern, die sich in Italien gebildet haben.

Weiter: nur sehr wenigen unter unsern jungen künstlern wird das glück zu theil, ihr ganzes leben in Italien zuzubringen. Viele derselben müssen nach ablauf von einigen jahren wieder in die nördlichen gegenden von Europa zurückkehren, und wenn sie dann an eine unbedingte nachfolge der Italiener gewöhnt sind, so haben sie mit unendlichen schwierigkeiten zu kämpfen.

Zuerst fehlt es ihnen beinahe ganz an den mitteln, die nöthig sind, um im geist der grofsen italienischen meister zu komponiren und auszuführen. Sie haben keine nackten modelle, wenigstens ist ihre zahl sehr klein, sie sind von keinen gegenständen umgeben, die ihre phantasie von selbst spannen und nähren könnten. In Rom thut man keinen schritt ohne auf etwas zu stofsen, was die einbildungskraft hebt. Schöne menschengestalten, schöne architektur, schöne gegenstände der ländlichen natur. In den übrigen ländern mufs man darnach reisen. Wie hilft sich nun der Nordländer? Er zieht seine phantasie auf, verfällt auf abentheuerlichkeiten, arbeitet nach gesammelten studien oder gar aus dem kopfe, geht immer um einige schritte über wahrheit und gezüchtigten schönheitssinn hinaus, oder wird ein völliger kopist.

Dazu kömmt nun weiter, dafs das publikum, für welches er arbeitet, gar nicht dazu gebildet ist, die schönheit nackter menschenfiguren und die darstellungen aus der mythologie und der alten geschichte zu fühlen. Das alles liegt uns zu fern. Wir sehen den menschen nicht nackend, wir wifsen noch weniger von seinem idealisirten körperbau. Unsere sitten, unsere gebräuche, unsere ganze denkungsart weicht zu sehr von demjenigen ab, was die alten davon hatten, als dafs das interefse, was wir daran nehmen, nicht ein erkünsteltes und erlogenes gefühl seyn sollte.

Hier, dünkt mich, kann nun die niederländische schule und ihre verfahrungsart für den künstler äuserst belehrend seyn. Er soll ihre werke nicht zum vorbilde nehmen, aber sie sollen ihm zum warnungszeichen und zu fernen führern dienen, um den weg zu gehen, auf dem er sich von der wahrheit nicht entfernen, und dem geschmack seiner zeitgenofsen immer mehr nähern wird.

Alle Niederländer im durchschnitt haben harmonie in ihre farben gebracht, haben ihre körper so gefärbt, dafs so lange man den blick in dem umfange des gemäldes ruhen läfst, kein gegenstand falsch gefärbt zu seyn scheint. Dies ist der geringste grad von wahrheit, und dennoch darf man es dreist sagen, dafs beinahe alle neuern maler auch diesen nicht einmahl erreichen.

Alle Niederländer haben ihre figuren gut gerundet, und das licht so zu leiten gewufst, dafs die würkung pickant ist. Dies macht auf einen jeden und besonders auf den grofsen haufen den wichtigsten eindruck zur überzeugung von der wahrheit der darstellung. Auch hierin, man darf es dreist sagen, fehlen beinahe alle neueren. Ferner: es ist styl bei den Niederländern, es ist gewöhnlicher vorzug bei ihnen, dafs der ton ihrer gemälde warm, dafs ihre schatten durchsichtig sind, dafs ihr farbenauftrag frisch, saftig und wohlgenährt ist. Beinahe kein einziges unter den neueren gemälden hat diesen vorzug. Dazu kömmt die fleifsige, reinliche, sorgsame behandlung, die wahl der farben, die nicht verbleichen. Lauter vorzüge, worauf unsere neueren maler zu wenig achten, und die den werken der Niederländer bis auf diese stunde den beifall aller wahren kenner sichern.

Immerhin mögen diese eigenschaften der niederländischen schule zu handgriffen gerechnet werden können. Kein maler kann künstler seyn, wenn er nicht zu gleicher zeit handwerker ist. Mag er immerhin gemälde aus der italienischen schule vor sich aufhängen, um sich daran zu erinnern, dafs er poet ist, aber dafs er auch gemälde aus der niederländischen schule bei der hand habe, um nicht zu vergefsen, dafs er des mechanischen fleifses und mechanischer fertigkeit nicht entbehren kann.

Inzwischen würde man höchst ungerecht seyn, wenn man den vortheil, den der künstler aus der kenntnifs und häufigen betrachtung der Niederländer ziehen kann, auf die erlernung mechanischer kunstgriffe beschränken wollte. Nein! Rubens ist wohl im stande, seinen dichterischen sinn zu wecken, und zu nähren; Lairefse kann unbedingt sein führer in der malerischen anordnung seyn. Aber die hauptlehre, die der künstler von den Niederländern erhalten kann, ist diese: dafs er sich so genau als möglich an die natur halte, die ihn umgibt, dafs er nie wahrheit und wesen seiner kunst dem triebe zu verschönern aufopfere, und dafs, wenn er verschönern will, er allemahl auf seine verhältnifse und den grad der kultur seines volks rücksicht nehme, niemals aber unvorbereitete menschen zwinge, dasjenige ausschliefsend für schön zu halten, was ganz verschieden gebildete nazionen für schön gehalten haben.

Wodurch haben die Niederländer es erreicht, dafs sie nach einem eigenen maasstabe gemefsen, und ungeachtet ihrer mängel und fehler, dennoch eifrig gesucht werden? Dadurch, dafs sie ihren eigenen weg gegangen sind, dafs sie sich begnügt haben, die natur, unter der sie aufgewachsen, die sitten, unter denen sie erzogen waren, nur mit den verschönerungen darzustellen, welche dem geschmack ihrer nazion angemefsen waren. Dies giebt ihren werken den karakter von individueller wahrheit, der überall geliebt und gesucht wird.

Die Niederländer sind das einzige volk aufser den Italienern gewesen, unter dem der geschmack an der malerei volksgeschmack in neuern zeiten geworden wäre. In allen übrigen ländern wird sie blos zur belustigung der grofsen, wie eine fremde gewächsart, in künstlichen treibhäusern gezogen. Auch kümmert sie elend hin, und ehe wir nicht andere mittel zu ihrem fortkommen wählen, so werden wir sie nie einheimisch bei uns machen.

Die Niederländer sahen in den gemälden ihrer meister ihre sitten, ihre gebräuche, ihre gegenden, ihre mitbürger, ihre familien abgebildet, und zwar so, wie sie diese gegenstände abgebildet sehen mogten, fleifsig behandelt, harmonisch an farbe, pickant durch das helldunkle, launigt, drolligt; das gab ihnen das besondere interefse.

Wir haben freilich eine andere bildung als die ältern Niederländer. Das plumpe, das gemeine, das gewöhnliche gefällt uns nicht. Aber darum sind wir doch noch himmelweit von der kultur der Griechen, und selbst der neueren Italiener entfernt, und in gewifsen stücken sind alle menschen den Niederländern ähnlich. Alle lieben die wahrheit an ihren auffallendsten kennzeichen wieder zu erkennen, und diese sind in der malerei unstreitig farbe und rundung. Aufserdem sind harmonie der farben und pickante beleuchtung auch die stücke, welche den sinnen am allergemeinsten wohlgefallen. Man gebe nur acht, was ganz ungebildete beschauer in galerien am

„mehr-

mehrsten anzieht. Es sind gemälde, die durch den reiz des kolorits und der beleuchtung frappiren. Diese nothwendigen eigenschaften einer jeden wahren und gefälligen darstellung In der malerei werden von unsern neueren künstlern auf eine ganz unverantwortliche weise verabsäumt. Ueber die sorge für die zeichnung wird alles übrige aus den augen gesetzt. Nun ist freilich eine richtige zeichnung die grundlage der malerei, aber sie ist doch um so weniger derjenige theil, der für den mangel der übrigen schadlos hält, da der beschauer, der nicht kenner ist, nur durch sehr auffallende inkorrekzionen in seinem vergnügen gestöhrt wird. Die mehrsten unserer neuen gemälde sind schwach oder bunt an farbe, und die körper, die sie darstellen, heben sich gar nicht vom grunde ab. Kein wunder, wenn sie misfallen. Dazu kömmt, dafs keine sorge für die dauer der farben getragen wird. Nach einigen jahren sind sie ausgewittert und schmutzig.

Fleifs der behandlung ist wieder eine eigenschaft, die in jedem kunstwerke für den unbefangenen beschauer angenehm ist. Aber wie werden die mehrsten unserer neuen werke geschmiert! Um recht geistreich zu scheinen, liefert man am ende lauter skizzen.

Das ganz unzweckmäfsige studium der antike hat uns in dem letzten jahrhunderte vielen schaden gethan. Der regel nach haben wir Nordländer gar keinen sinn für die idealgestalt der bildhauerei. Es ist erlerntes werk, es ist modegeschmack für den grofsen haufen.

Die schönsten griechischen statuen haben selbst für den Italiener zu wenig ausdruck von individualität. Wir fühlen nicht, dafs sie würkliche menschen sind, dafs sie das spezifike einer person an sich tragen, mit der wir umgehen, der wir uns nähern, die wir lieb haben möchten. Sie haben zu wenig gefälliges. Unsere begriffe über schönheit der menschlichen gestalt sind zwar durch die kenntnifs der griechischen statuen modifizirt. Wir haben einzelne ideen z. e. über regelmäfsigkeit der gestalt, von ihnen entlehnt, oder sie durch ihr beispiel bestätigt gefunden, und das, was diesen ideen schnurstracks in der natur widerspricht, finden wir nicht schön. Aber darum sind wir doch noch weit entfernt, das ganze mit allen seinen theilen würklich unbedingt für schön zu halten. Vielmehr finden wir gemeiniglich, dafs ein gesicht,

P

das sich den griechischen umrifsen und verhältnifsen sehr nähert, nichts sage, das heifst, nichts individuelles an sich trage, woran unser herz, woran unsere geselligen triebe antheil nehmen mögten. Der maler also, der in unsern nördlichen gegenden gefallen will, hat sehr unrecht, wenn er antike statuen kolorirt. Er wird viel befser thun, wenn er sie nur darum studiert, um sich mit ihrem karakter und schönen verhältnifsen bekannt zu machen, und das kleinliche und plumpe, das verzärtelte und ungeheure vermeiden zu lernen. Mit einem auf solche art gebildetem geschmacke trete er dann zwischen seine nazion, und wähle diejenigen personen zur nachbildung aus, die jenen am mehrsten befriedigen: er verschönere sie, wenn er kann, aber nie auf kosten der wahrheit, der individualität und des reizes, für den seine nazion empfänglich ist.

Ich glaube ferner auch, dafs wir der darstellung nackender körper (in so fern wir sie nach unsern sitten nicht zu sehen gewohnt sind) in unsern nördlichen gegenden entsagen müfsen. Wir sind nicht im stande, gute modelle dazu zu erhalten, und wenn wir sie erhalten, so finden wir keine beschauer, welche das dargestellte mit den gegenständen in der natur bis zum gefühl der wahrheit vergleichen könnten. Der grofse haufe bei uns fühlt gar nicht, wie ein schöner nackender menschenkörper gestaltet seyn mufs. Er sieht ihn nicht, und wenn er ihn sieht, so geschieht es entweder durch enthlöfsungen, die seine sinnlichkeit auf eine grobe art in aufruhr setzen, mithin ein ruhiges urtheil über schönheit der formen nicht zulafsen, oder er erblickt gliedmaafsen, die durch schwere arbeit verdreht, durch träge ruhe erschlafft, durch enge kleidungsstücke entstellt sind. Urtheilt er aber darüber vermittelst eines durch den anblick der antike gebildeten auges; so ist es wifsenschaft und nicht geschmack. Der maler mufs das nackende studieren, aber hauptsächlich in der absicht, die formen des körpers unter dem gewande, gesicht und hände desto befser auszudrücken.

Mit der bekleidung hat es seine eigenen schwierigkeiten. Ich halte aber auch dafür, dafs die malerei, die in unsern gegenden gefallen will, die trachten der alten nicht aufnehmen, sondern vielmehr solche wählen solle, die mit unsern moden übereinstimmung haben, wenn sie gleich nach den begriffen der alten über zweckmäfsigkeit und schönheit besonders modifizirt werden mögen. Der mann von genie wird leicht etwas generisches in unsern moden zu finden wissen, das, mit beibehaltung des karakters der individualität, dem sinn des schönen angemefsen sei. Ich wünschte auch, dafs man in der treuen darstellung der stoffe sich den Niederländern mehr näherto. Soviel die ästhetiker darüber schreyen mögen, so bleibt ein atlas von Terburg, ein reicher stoff von Rubens und Paul Veronese in der malerei etwas sehr schönes.

Mir wäre es sogar lieb, wenn man die beiwerke etwas fleifsig behandelte. Ich weifs, was sie schon in ihren ungrazieusen formen in den werken der Niederländer für würkung thun; unsere geschmackvolleren meublen mit zweckmäfsigem fleifse behandelt, müfsen nothwendig dem auge noch mehr gefallen.

Hauptsächlich aber wünschte ich, wir mögten von den Niederländern lernen, solche sujets zu gemälden zu wählen, die allgemeiner interefsiren können. Diejenigen, welche unsere geschichtsmaler bis jetzt beschäftigt haben, sind noch immer zu gelehrt. Sehr oft motiviren sie keinen bestimmten ausdruck, oder den ausdruck solcher affekte, die zu fern von unserm herzen liegen. Sie stellen uns personen vor, die nur der kenner der geschichte lieb haben kann. Der grofse haufe kann sich wenig für sein herz daraus nehmen. Die Katholiken hatten ehemals die heilige geschichte, aus der jedes sujet für sie interefsant war. Dieses interefse würkt jetzt nicht mehr mit gleicher stärke.

Allgemein interefsant ist würklich für uns bewohner des nördlichen Europas nur dasjenige, was uns an unsere sitten, an unsere belustigungen und angenehmen verhältnifse erinnert. Die landschaft, die uns umgibt, der mensch, mit dem wir täglich umgehen, das sind die gegenstände, die man malen sollte. So hat sich unsere bühne dem publiko interefsant zu machen gewufst, indem sie vorfälle aus dem bürgerlichen leben dargestellt hat.

Man fange damit an, bildnifse ganzer familien zusammen zu einer handlung zu vereinigen, welche dem herzen eines jeden beschauers wichtig seyn kann. Welch einen unerschöpflichen reichthum von szenen zur darstellung liefert nicht das häusliche leben! man denke sich die äuserungen ehelicher, elterlicher, kindlicher und brüderlicher liebe und zärtlichkeit! das erste ausfinden zweier liebenden, dafs ihre herzen vereinigt sind, den ersten händedruck, den ersten kufs, das wonnegefühl der eltern über das erste pfand ihrer liebe, die geburtsfeier des hausvaters, das denkfest langjähriger ehe! Nein! noch sind unsere sitten nicht so verdorben, um den reiz, der in diesen gegenständen liegt, nicht zu fühlen! und sollten sie nicht den halberstorbenen keim zum guten in manchem herzen wieder auferwecken können!

Man hat wohl eher verlangt, die malerei sollte bürgerliche tugend befördern: dafs wird sie nach unserer verfafsung schwerlich vermögen. Aber häusliche tugend, die kann sie nähern, aufrecht erhalten, und dies ist keine gleichgültige zugabe für eine kunst, die eigentlich zur ergötzung bestimmt ist.

Genug! das wichtigste, was der künstler von den Niederländern lernen kann, ist dies, dafs er sich nie vom wesentlichen seiner kunst entferne, und sich bei der verschönerung, es sei bei der auswahl oder bei der zusammensetzung seiner gegenstände, zur darstellung nach dem grade der bildung und der denkungsart seiner nazion richte.

Ich kenne gemälde der Niederländischen schule, welche diese forderungen beinahe erfüllen, und die mit wenigen abänderungen aller herzen gewinnen müfsten. Man erinnere sich an die berühmte wafersüchtige von Gerhard Dow in Turin. Sie sitzt in dem zustande der äufsersten abmattung und entkräftung, aber ihr auge kehrt sich zum himmel, und ruft voller ergebung in ihr eigenes schicksal segen für ihre tochter herab. Neben ihr kniet diese tochter und benezt die eine der mütterlichen hände mit thränen. Die magd zur seite ist beschäftigt, der mutter arzenei zuzubereiten, und wirft zu gleicher zeit einen unmuthsvollen blick auf die tochter darüber, dafs sie durch eine unvorsichtige äuserung von traurigkeit den zustand der kranken verschlimmert. Der arzt gewöhnt an dergleichen vorfälle, untersucht unterdefsen ruhig die symptome der krankheit.

Mein gott! welch ein bild! wie tief bewegt mich noch das andenken daran nach so viel jahren. Wie sehe ich noch die wahrheit des ausdrucks in allen handelnden personen, die wahrheit in allen beiwerken: den sonnenstrahl, der ins fenster fällt, die glimmenden kohlen im kamine, die grofsen mafsen von falten, die sich in dem aufgezogenen vorhange bilden! Die vorstellung der wafsersüchtigen hat im bilde nichts widriges; aber lafst für eckele beschauer die mutter an einer andern krankheit leiden, nehmt dem arzte das uringlas, was kann der ästhetische sinn in unsern gegenden weiter verlangen, um befriedigt zu werden! Und wenn er mehr verlangen sollte! Nun so veredelt ein wenig die gestalten, nur das einzige bitt ich euch, dafs ausdruck und individualität der menschen, die wir alle kennen, nicht darüber verloren gehe!

Ich weifs, dafs Greuze und einige andere Franzosen bereits den weg eingeschlagen haben, den ich angebe, die malerei unserm herzen näher zu bringen. Aber sie haben darin gefehlt, dafs sie das wesentliche der malerei verabsäumt haben. Leider ist an ihren stücken nur die erfindung zu loben. Uebrigens sind sie oft unwahr im ausdruck, unwahr und ungefällig an form, farbe und belenchtung. Hätte Greuze das talent eines Gerhard Dows besefsen, die feinsten äufserungen der seele zu fafsen, sie mit solcher treue, mit solchem zauber der farbe und beleuchtung, wie dieser, wiederzugeben, und dabei nur ein wenig sorgfältiger seine menschenformen gewählt; er würde für das nördliche Europa an werth über Raphael gestanden haben.

Ich glaube hier am ende noch eine bequeme veranlafsung zu finden, einiges über die verschiedenen rücksichten zu sagen, nach welchen ungebildete beschauer, künstler, sammler und schildereihändler den werth von gemälden zu bestimmen pflegen; über die nothwendigen eigenschaften eines guten kritikers und über den nutzen und die zuverläfsigkeit der angabe eines meisters zu einem gemälde.

Ich habe viele erfahrungen darüber gemacht, was blofse beschauer ohne alle kenntnifse der malerei, und ohne andern zweck als vergnügen einzunehmen, die jedoch eine gute erziehung genofsen haben, an gemälden zu schätzen pflegen.

Sie sind von zweierlei art: entweder haben sie für keine art der schönen künste eine besondere bildung erhalten, oder sie haben eine besondere bildung für eine der schönen künste aufser der malerei erhalten.

Die ersten sehen hauptsächlich auf ähnlichkeit der darstellung mit dem nachgebildeten, und suchen diese besonders in der ründung, in der beobachtung der gröbsten verhältnifse der form, in den farben und in dem ausdruck der gebärden auf. Sie geben auch viel auf eine fleifsige ausführung, auf ein harmonisches farbenspiel, und auf einen pickanten effekt der beleuchtung.

Wenn menschen dieser art in eine galerie treten, so suchen sie stücke auf, in denen die figuren stark von der fläche hervortreten; nachtstücke, welche die würkung des lichts treu wieder liefern, fleifsig besorgte gemälde, und solche, die einen angenehmen ton von farben haben. Allemal brauchen sie zur bezeichnung defsen, was ihnen wohlgefällt, das beiwort: so natürlich!

Der beschauer, der für eine besondere kunst aufser der malerei gebildet ist, geht hauptsächlich auf das interefse der dargestellten begebenheit, auf den reiz der einzelnen figur, oder auf einen starken ausdruck der affekten, und mag wohl eine dreiste, vielleicht zu kecke behandlung. Wenn er ein gemälde loben will, so bedient er sich des ausrufs: so interefsant!

Seitdem Winkelmann, Mengs und einige andere neuere ästhetiker die köpfe verdrehet haben, so sprechen sie auch viel von ästhetischem sinn, sichtbarer vollkommenheit, idealen u. s. w. und verstehen darunter, wenn sie sich selbst verstehen, den regelmäfsigen körperbau, wodurch die bildhauerkunst zu gefallen sucht, verbunden mit dem gesetz, nichts vorzustellen, was nicht bei dem anblicke erhabene oder liebliche gefühle aufweckt.

Der künstler untersucht beim anblick eines gemäldes im ganzen den geist und die fertigkeit des urhebers, und die wahrheit des details: Ob das werk etwas eigenthümliches habe, ob die behandlung den meister in der kunst verrathe, ob die umrifse recht bestimmt gezeichnet sind, ob die farbe recht wahr gewählt, das licht recht natürlich geleitet sei, u. s. w.

Der sammler sucht das seltene auf, der schildereihändler den namen der meister. Ein jeder hat seinen partikulairen zweck bei der kenntnifs und der beurtheilung der gemälde.

Wenn man genau untersucht, wer von diesen personen mehr oder weniger zur kritik berechtigt sei, so wird man finden, dafs im grunde keiner einen wahren anspruch darauf habe. Denn kritisiren heifst meiner meinung nach nichts anders, als die gründe entwickeln, warum ein kunstwerk ein gegenstand des wohlgefallens für wohlerzogene menschen im durchschnitt seyn müfse oder nicht seyn dürfe. Alle diese herren gehen aber blos auf gründe, die einem oder dem andern partikulairen stande anpafseud sind. Für diese partikulaire menschenart ist ein jeder von ihnen kompetenter richter. Der poet für den poeten, der künstler für den künstler u. s. w. Der wahre kritiker mufs aber eben so gut die menschen kennen, als die kunst, deren werke er beurtheilen will. Vermöge seiner menschenkenntnifs erfährt er, welches die gründe sind, welche personen von verschiedener bildung, stande und karakter in den forderungen, die sie an die kunst machen, und in dem wohlgefallen, das sie an ihren werken nehmen, leiten. Vermöge der kenntnifs der kunst weifs er, was sie leisten kann, und was sie für das vergnügen eines jeden einzelnen beschauers leisten soll, ohne ihrem wesen nachtheilig zu werden.

Alle wohlerzogene menschen, die auch nicht für die künste gebildet sind, haben ein recht an dem genufs, den die malerei geben kann, aber immer so, dafs der poet, der musiker, der maler u. s. w. nicht von dem mitgenufse ausgeschlofsen werden. Wenn daher ein für die künste nicht gebildeter beschauer lieber jeden faden in der spitze des halskragens als den ausdruck des karakters des dargestellten menschen sehen will; so weifst ihn der kritiker mit seinen ansprüchen zurück. Wenn aber die darstellung eine karrikatur von menschenart ist, woran der poet die hauptzüge des karakters, der maler den schwung der phantasie, die fertigkeit der hand allein bewundern können; so tritt der kritiker dem wohlerzogenen aber nicht für die malerei oder andere künste gebildeten beschauer bei, und verlangt, dafs neben den hauptzügen der wahrheit, neben dem stempel des genies und des talents, auch noch so viel von dem detail ausgeführt sei, als nöthig ist, für den leztern die wahrheit ergreiflich und wohlgefällig zu machen. So lange wir gemälde besitzen, welche diese vorzüge vereinigen, so lange haben wir ein recht, diese vereinigung zu verlangen. Meiner meinung nach, müfsen alle kunstwerke, welche dem künstler, dem für die künste gebildeten und nicht gebildeten liebhaber gefallen können, den vorzug vor denjenigen haben, die nur dem künstler, nur dem für die künste gebildeten liebhaber gefallen mögen, sollten diese leztern auch um etwas in ihren auf partikulaire neigungen gegründetem vergnügen geschmälert werden.

Um über gemälde zu urtheilen, mufs man nothwendig scharfsinn, beurtheilungskraft, gefühl und einbildungskraft besitzen, und zwar alle diese stücke in einem solchen ebenmaafse, dafs nicht das eine vermögen über das andere zu sehr die oberhand gewinne. Das ist aber noch nicht genug. Man mufs nothwendig praktische kenntnifse von der kunst haben. Das auge mufs an richtigkeit der maafsen und verhältnifse gewöhnt seyn, es mufs die Übereinstimmung der farbe im bilde mit der farbe in der natur zu beurtheilen wifsen, und den effekt des richtig geleiteten lichts kennen. Man mufs auch wifsen, welche schwierigkeiten sich der ausführung unserer gedanken überhaupt, und besonders bei der mechanischen behandlung entgegensetzen. Bei den mangel dieser eigenschaften wird man immer übertriebene forderungen an den künstler machen. Ich zweifle daran, dafs man durch blofses sehen und vergleichen diese bildung erhalte. Man mufs meiner meinung nach, nothwendig selbst hand angelegt, und zwar nicht blos kopirt, sondern selbst erfunden, und nach der Natur, besonders nach dem menschen, gebildet haben. Ein grofser künstler braucht man übrigens nicht zu seyn, und vielleicht steht selbst diese eigenschaft dem kompetenten beurtheiler entgegen: theils weil dazu noch andere seelenkräfte, oder wenigstens eine andere bildung unserer seelenkräfte erfordert wird, als zum schiffen, theils weil man zu sehr in gefahr kömmt, die forderungen des künstlers zu denen aller wohlerzogenen menschen zu machen.

Die

Die kenntnifs der meister, deren gemälde man beschaut und beurtheilt, hat ihre grofsen vortheile. Sie macht eine art von wifsenschaft aus, die so wie die bücher und gelehrtenkenntnifs, für den, der sie besitzt, eine quelle des vergnügens und des nutzens werden kann. Es gibt dem beschauer eine angenehme spannung und befriedigung, wenn er den nahmen des meisters aus seinem style errathen kann. Die manieren grofser meister zu kennen, hat auch den nutzen, dafs man sogleich weifs, worauf man hauptsächlich bei ihren werken sehen, und worüber man dabei hinaussehen soll.

Inzwischen mufs man sich wohl hüten, den werth dieser kenntnifs zu übertreiben. Es gibt liebhaber von gemälden, die, gleich einigen litteratoren, welche nur die titel und ausgaben der bücher kennen, nichts anders an jenen sehen, als die kennzeichen, wodurch sich ein jeder meister von dem andern unterscheidet. Es gibt grofse kenner, die nicht glücklich im errathen der künstler, besonders von mittlerem werthe sind, und es ist höchst lächerlich, wenn man darum einem manne den nahmen eines guten kritikers absprechen will, weil er ein sehr gutes gemälde nicht gleich einem gewifsen meister beizulegen weifs.

Die richtige angabe der meister ist mit grofsen schwierigkeiten umwunden. Einmahl sind sich selbst die gröfsten künstler in ihren manieren nicht immer treu geblieben. Zweitens haben oft gemäldesammler guten gemälden, um ihnen mehr ansehen bei den nichtkennern zu geben, fremde nahmen angeheftet, und drittens beruhet vieles auf ungewifsen tradizionen, die man jetzt nicht mehr kritisch zu erörtern im stande ist.

Wie wenig zuverläfsig die angaben vieler meister von gemälden in grofsen galerien sind, wird demjenigen nicht entgehen, welcher weifs, wie sammler, schildereihändler und inspektoren gemeiniglich darunter verfahren. Sie suchen vor allen dingen den werken, die in ihrem besitze sind, oder unter ihrer aufsicht stehen, einen hohen werth durch beilegung eines berühmten meisters zu geben. Jedes mittel, diese behauptung zu rechtfertigen, scheint ihnen erlaubt. Sie malen fremde nahmen in die bilder, sie erdenken weitläuftige geschichten von den schicksalen ihrer gemälde, und unterstützen sie durch gewifse anekdoten, die in älteren kunstgeschichten aufbewahrt sind, und welche sie den vorliegenden stücken anpafsen. Wenn sie aber auch geneigt sind, ein urtheil nach ihrer überzeugung zu fällen, so gründet sich dies gemeiniglich auf unerheblichen gründen. Ohne kritische kenntnifs der kunstgeschichte, ohne sinn für den poetischen theil der malerei, und nicht selten auch ohne bekanntschaft mit dem mechanischen theile der kunst, mufs gemeiniglich eine gewifse ähnlichkeit in den gestalten die angabe des meisters rechtfertigen. Sie haben ehemals ein stück gesehen, worauf eines gewifsen meisters nahme stand, worauf eine gewifse form von köpfen, oder von händen und fafsen, eine gewifse stellung vorkam; nun finden sie etwas ähnliches in einem andern gemälde, und sogleich soll dieses von einer hand mit dem vorigen seyn.

Die kenntnifs der meister wird nicht eher zu einem gewifsen grade von sicherheit gebracht werden können, als bis wir eine befsere geschichte der malerei und der maler erhalten. Hiezu wird erfordert, dafs man genau untersuche, wie sich der styl einer jeden schule und eines jeden meisters nach und nach gebildet hat; welches diejenigen werke sind, welche nach zuverlässigen tradizionen für die seinigen gehalten werden können; was an diesen gemälden würklich karakteristisch ist, und in welchen stücken er sich zuweilen verleugnet, in welchen er sich nie verleugnet hat. Alsdann wird es so schwer nicht seyn, die meister wenigstens in ihren hauptwerken aufzufinden, vorzüglich wenn eine anhaltende übung hinzutritt.

Ich habe bei den vielen berufsgeschäften, die mir obliegen, ein so genaues studium nie anstellen und eine solche fertigkeit nicht erlangen können. Ich habe meine bemühungen blos auf kenntnifs des styls einiger der vorzüglichsten meister eingeschränkt, und ich fühle, dafs die theorie, die ich mir darüber gemacht habe, dennoch eine anhaltende praktische anwendung verlangen würde, wenn ich mit völliger zuverläfsigkeit in diesem stücke urtheilen wollte. Unter diesen umständen habe ich mir folgende grundsätze zur befolgung aufgestellt.

Meine erste rücksicht geht immer darauf: ob das stück verdiene, dafs man den meister errathe. Verdient es das nicht, und ich fände auch spuren eines bekannten styles darin, so glaube ich, es der ehre des grofsen meisters und seines nahmens schuldig zu seyn, es nur seinen nachahmern oder seiner schule beizulegen. Finde ich grofse vorzüge an dem bilde, aber keine spuren eines mir bekannten styles, so bekenne ich aufrichtig meine unwifsenheit des nahmens seines urhebers. Ist aber das bild gut, und trägt es zu gleicher zeit unverkennbare kennzeichen eines gewifsen meisters an sich, so lege ich es ihm getrost bei, überzeugt, dafs wenn es auch nicht von ihm wäre, er selbst es dennoch nicht als sein werk verläugnen würde.